"南粤品质工程"理念与实践系列丛书

展示篇

广东省南粤交通投资建设有限公司 ⊙ 主编

人民交通出版社股份有限公司
China Communications Press Co.,Ltd.

内 容 提 要

本册为《"南粤品质工程"理念与实践系列丛书》的展示篇,主要内容包括精品诚造、南粤工匠、全景展示三部分。本册以"匠人""匠心"为主旨,采用图册的形式展示南粤工匠攻坚克难的精彩瞬间、南粤大道的美景和营运服务的点滴。

本书可供工程技术人员和管理人员参考。

图书在版编目(CIP)数据

"南粤品质工程"理念与实践系列丛书. 展示篇 / 广东省南粤交通投资建设有限公司主编. —北京:人民交通出版社股份有限公司, 2019.11
 ISBN 978-7-114-16030-1

Ⅰ. ①南… Ⅱ. ①广… Ⅲ. ①道路工程-道路建设-研究-广东 Ⅳ. ①U41

中国版本图书馆CIP数据核字(2019)第253631号

Nanyue Pinzhi Gongcheng Linian yu Shijian Xilie Congshu Zhanshi Pian

书　　名:	"南粤品质工程"理念与实践系列丛书 展示篇
著 作 者:	广东省南粤交通投资建设有限公司
责任编辑:	韩亚楠　郭红蕊
责任校对:	张　贺　宋佳时
责任印制:	张　凯
出版发行:	人民交通出版社股份有限公司
地　　址:	(100011)北京市朝阳区安定门外外馆斜街3号
网　　址:	http://www.ccpress.com.cn
销售电话:	(010)59757973
总 销 售:	人民交通出版社股份有限公司发行部
经　　销:	各地新华书店
印　　刷:	中国电影出版社印刷厂
开　　本:	787×1092　1/16
印　　张:	15.25
字　　数:	200千
版　　次:	2019年11月　第1版
印　　次:	2019年11月　第1次印刷
书　　号:	ISBN 978-7-114-16030-1
定　　价:	120.00元

(有印刷、装订质量问题的图书由本公司负责调换)

丛书顾问委员会

主 任 委 员：周　伟

副主任委员：翁优灵　贾绍明　黄成造　刘晓华　曹晓峰　童德功
　　　　　　　张劲泉　李爱民　王红伟

委　　　员：陈明星　刘永忠　兰恒水　李卫民　鲁昌河　张家慧

丛书编审委员会

主 任 委 员：刘晓华

副主任委员：曹晓峰　童德功　兰恒水　李卫民　鲁昌河　张家慧
　　　　　　　职雨风　尹良龙　夏振军　张　栋　邱　钰　朱　方
　　　　　　　潘奇志　陈子建　乔　翔　姚喜明　程寿山

委　　　员：陈　红　陈　记　孙家伟　余长春　王文州　刘世宁
　　　　　　　胡　健　黄锡辉　何际辉　刘　烜　李史华　杨少明
　　　　　　　林　楠　何晓圆　王啟铜　邱新林　叶　勇　张国炳
　　　　　　　黄少雄　苏堪祥　张　利　李　斌　肖　鹰　张连成
　　　　　　　唐汉坤　薛长武　章恒江　彭学军　李　凯　吴育谦
　　　　　　　吴俊强　甄东晓　金明宽　曹春祥　和海芳

本册编委会

主　　编：潘奇志

副 主 编：乔　翔　余长春　陈　红　罗　霆　杨广臣

编写人员：王　勋　蔡晓红　罗　瑛　孙家伟　黄锡辉　刘世宁
　　　　　胡　健　杨少明　林　楠　何晓园　曹春祥　吴俊强
　　　　　杨骏宇　黄国辉　甄东晓　万友明　方　喆　邹伟浩
　　　　　黎　明　陈基灿　谢文怀　林建业　任国旭　刘伟泉
　　　　　蔡佳欣　陈贵锋　高九亭

序一
PREFACE

交通是兴国之要、强国之基。党的十九大明确指出，建设质量强国、交通强国，把提高供给体系质量作为主攻方向。2019年9月，中央正式发布的《交通强国建设纲要》，明确提出了推动交通发展由追求速度规模向更加注重质量效益转变，由各种交通方式相对独立发展向更加注重一体化融合发展转变，由依靠传统要素驱动向更加注重创新驱动转变，打造一流设施、一流技术、一流管理、一流服务的要求，为我国未来三十年交通发展擘画了宏伟蓝图和指明了奋斗方向。

推进交通运输"品质工程"建设，就是顺应新时代、新任务、新要求的现实之举，是在工程建设领域贯彻落实《交通强国建设纲要》的必然要求。它的核心要义是将交通基础设施建设的提质增效和转型升级作为主攻方向和动力源泉，以质量变革为主体、效率变革为主线、动力变革为基础，在建设理念、管理举措、技术进步方面有新作为，在工程质量、安全、可持续发展方面取得新成效，全面实现交通运输基础设施建设的转型升级和高质量发展，进而实现由交通大国向交通强国的转变，加快建成人民满意、保障有力、世界前列的交通强国，为全面建成社会主义现代化强国、实现中华民族伟大复兴中国梦当好先行。

交通运输的高质量发展，首先是基础设施工程项目的高质量建设。改革开放以来，我国交通基础设施建设经历了40多年的发展，建成了一批在世界范围内具有影响力的跨海（江）桥梁、长大隧道、大型沿海港口工程，也积累了大量工程建设和管理经验，在工程建设方面已具备了再上新台阶的基础条件。"品质工程"继承和丰富了现代工程管理的理念和内涵，追求工程内在质量和外在品质的有机统一，是一个站在新的历史起点上推进交通建设工程质量转型发展的有力举措，是公路水运建设工程转入高质量发展的序曲和基础支撑。

广东省南粤交通投资建设有限公司主动把握工程建设发展的新趋势，率先开展了"南粤品质工程"创建活动。经过3年多的实践探索，形成了"高质量理念、高质量管理、高质量产品、高质量服务"的南粤品质特色。在实践过程中，桩基标准化、路基标准化、房建标准化作为标准化设计的重要组成部分，丰富和完善了广东省标准化设计体系，促进了工程建设标准化工作的发展。优质优价、优监优酬、双标管理、首件工程制、五赛五比等举措逐一落实，提高了项目建设管理水平。植被修复、废渣利用、"永临结合"等节能减排、生态环保技术的应用，革新了建设理念，推动了绿色发展。数百项微创新成果改进了现有工艺、设备，汇聚了集体智慧，弘扬了工匠精神，提高了生产效率，提升了工程质量。服务设施的人性化、路政管理的标准化、运维养护的数字化，全面提升了营运服务水平。总的来说，广东省南粤交通投资建设有限公司在"品质工程"创建过程中积极探索、勇于创新，付出了艰辛努力，取得了显著成效，展现了良好风采。

《"南粤品质工程"理念与实践系列丛书》就是"南粤品质工程"创新成果的系统总结，从建设理念、设计、管理、质量、创新、绿色、安全、服务、展示等九个方面，全面反映了"南粤品质工程"的创建过程和经验体会，内容丰富、形式新颖、针对性强、推广价值高，可为建设"平安百年品质工程"提供重要的参考与借鉴。开卷有益，我们期待着广大交通工程建设的从业者都能积极地行动起来，主动作为、积极探索、广泛交流、共同努力，不断提升技术、管理和服务，推动交通基础设施高质量发展，促进交通工程项目品质工程建设再上新的台阶。

交通运输部总工程师
2019年10月

跨过山海江河，只为"品质工程"
——记《"南粤品质工程"理念与实践系列丛书》

《"南粤品质工程"理念与实践系列丛书》（以下简称《丛书》）记载了南粤交通人在"品质工程"道路上的汗水和艰辛，见证了南粤交通人在推进高速公路高质量发展道路上的不断提升和超越！

广东省南粤交通投资建设有限公司（以下简称"省南粤交通公司"）于党的十八大之后成立。在那段时期，党和国家的各项事业取得了重大成就，社会面貌发生了深刻变革；彼时的广东，正紧紧围绕习近平总书记在广东考察工作时提出的"三个定位、两个率先"的总目标，不断优化区域协调发展空间布局，举全省之力推进粤东西北地区振兴发展；彼时的南粤交通人，毅然决然地在广东省交通基础设施建设道路上，在"加快高速公路建设,助力粤东西北发展"的高速公路建设大会战战场上，扛起了广东省政府还贷高速公路建设发展的大旗，不断前行。2017年10月，在党的十九大召开前夕，省南粤交通公司站在新时代的门槛上，再一次迎来历史性的发展跨越——经过与广东省交通集团有限公司完成重组改革，在企业发展之路上实现了华丽蝶变。在以"高质量发展"为主旋律的新时代公路建设发展浪潮中，该公司于2017年、2018年分别实现了高速公路高质量通车的企业管理目标，连续2年的通车总里程占全省2年通车总里程的82%；为广东省构建区域平衡、协调发展新格局，助力脱贫攻坚，做出了行业贡献；为广东省高速公路总里程突破9000km、连续5年居全国第一，贡献了"南粤力量"。

省南粤交通公司肩负着约2000km政府还贷高速公路建设营运管理的重任，项目建设总投资额约为2400亿元，新开工高速公路约1618km，占广东省同期新开工高速公路总里程的37%，项目覆盖广东省19个地级市。新开工建设的项目中，有广东省高速公路建设史上单独立项线路里程最长的项目——汕昆高速龙川至怀集段（全长366km），有粤港澳大湾区的重大工程项目——港珠澳大桥珠海连接线，有全省最长的高速公路隧道——金门隧道，还有拱北隧道、通明海特大桥等一大批跨海、跨江、跨河、跨山通道……项目规模庞大，工程技术复杂，施工难度高。

依托上述体量庞大的建设项目集群，省南粤交通公司在积极探索高速公路建设管理现代化管理体系的道路上，以广东省先行先试，以"弘扬现代工匠精神，打造南粤品质工程"为主题，开启了"南粤品质工程"创建活动的新征程。《丛书》全面介绍了"南粤品质工程"的发展脉络，凝聚了南粤交通人在谋求高品质发展道路上的集体思考；体现了"南粤品质工程"以技术为引领，以人为本，以自然为载体，以长寿命安全为目的的高品质高速公路建设体系；有理念与管理，有质量与安全，有设计与创新，有绿色与服务，有全方位、多维度的成果展示，还有南粤交通人对当前公路建设发展的审视和对未来的展望，彰显了省南粤交通公司"大道为公"的内涵。

这套《丛书》既是省南粤交通公司建设工作的总结，也是和国内外同行交流沟通的平台，既可为同类项目建设提供参考，也可为下阶段行业开展"平安百年品质工程"提供借鉴。希望广大公路建设者充分交流、不断总结实践经验，努力推进高速公路建设发展再上新台阶！

广东省交通集团有限公司总经理

2019年9月

前言
FOREWORD

新风劲起　匠心深蕴

南粤大地，高速公路建设凯歌奋进。

大道如砥，饱蘸浓墨书写高质量发展新篇。

如今，"工匠精神"逐渐成为职业精神和职业道德的体现，"品质革命"不再局限于制造业的转型升级。2016年8月，省南粤交通公司主动适应行业发展新理念，探索将"品质工程"与高速公路建设管理结合，率先启动"南粤品质工程"创建活动，使这场起于2013年的交通建设大会战，自此有了新的内涵。

穿山涉水，织密路网，四时如歌。把握新经济下的"时"与"势"，追赶潮头的拓荒者在山堑中洒满汗水，在云水间挥斥方遒。三年又三年，一条条玉带串联湾区明珠，勾勒"一核一带一区"蓝图。

当时间回眸，那些充满力量与速度的日日夜夜，那些风雨兼程的酷暑寒冬，新时代交通人匠心求索，将创新的胆魄倾注于曲线管幕"金钟罩"，将精益求精的执着定格在万吨大桥的华丽"倩影"。

匠人有倔强的韧劲，他们在170℃的沥青路面上作业，在"星罗棋布"的建设现场中坚持颗粒归仓。

匠人有诗意的情怀，他们在路域景观的塑造中呈现多元之美，在斜拉桥索塔演绎"天圆地方"。

匠人有奉献的信念，他们在险象环生的高寒路段坚持巡查，在万家团圆的节日里守望归途。

匠人既有精巧的智慧，用科技的成果把关质量安全，也有"守拙"的质朴，靠着"骡马运输队"渡过进场难关。

当时间回眸，热血飞扬的岁月在记忆中流淌，南中国脉搏跃动，奋斗的青春奔向诗和远方。"与君远相知，不道云海深。"大道通衢，靠的是现代工匠协同并进、筑梦连心。来自五湖四海的建设者们，虽然背景不同、文化各异，但只要不忘建设者的初心，同声相应、诚而有信，定能结为披荆斩棘、携手同行的伙伴。

本册撷萃品质工程英华，描摹新时代交通强国"追梦人"，致敬大道为公、持之以恒、承而后新之匠心。开卷俯览，天地间大道纵横，依山傍水蜿蜒迂回，如精工巧冶，涵泳峰峦神韵，又于细微处揣摩人文风物，绿树繁花掩映，草木葱茏。民生工程浃洽，南粤工匠惟勤，山乡灯火，笔下云烟，栉风沐雨六载，诚造万千精品，福泽一方水土。

林林总总，讲述路、桥与人的故事，呈现令人怦然心动的风景。那些品质卓越的建设成果，凝刻了交通工匠的智慧与力量，留下了品质工程最美的剪影。

作　者

2019年9月

目录 CONTENTS

第一章　精品诚造　　001

1. 路域景观提升工程 …………………………… 002
2. 标线光亮工程 ………………………………… 012
3. 伸缩缝平顺工程 ……………………………… 016
4. 路面耐久工程 ………………………………… 020
5. 以"微创新"精打细磨工程 ………………… 024
6. 大山里的马铃声 ……………………………… 027
7. 打通无人区　隧道咬牙上 …………………… 029
8. 山幽通曲径　"工道"在"仁新" ………… 032
9. 省人工，更精确——钢筋骨架加工和吊装新工艺 …… 034
10. 机器人在钢箱内"上岗" …………………… 036
11. 二维码让预制梁有了"身份证" …………… 038
12. 穿山越岭跨龙门　内滑外翻保施工 ………… 040
13. 移动模架法＋模块化快速施工 ……………… 042
14. 巨大混凝土块挖洞过——清云项目西江特大桥"通道锚" …… 044
15. 掏空铁轨做文章 ……………………………… 046
16. 肚皮泛起品质"波"——珠海连接线前山河特大桥 …… 048

17. 向技术要时间	050
18. 万吨大桥华丽"转身"	052
19. 斜拉桥索塔演绎"天圆地方"	054
20. 精准对接过刀阵　绣花功夫穿冻土	056
21. 科技助力沥青路面无损检测	060
22. 桥下空间成了网红打卡点	062
23. 筑官山环保墙　护绿色新博路	064
24. 精细管理　绿意仁新	066
25. 3200株原生大树迁移"新家"	068
26. 呵护绿水　"桥"见民心	070
27. 万树朱华开　品质创品牌	072
28. 湛海清湖　美丽"化"卷	077
29. 咫尺匠心　新路朝阳	080
30. 安畅舒耐　最美高速	082
31. 宾至如归　温馨驿站	084
32. 服务区里开扇门　匆匆过客变游客	086
33. 高分可视化智能监控系统　尽展"聪明才智"	088
34. VR进驻红棉培训馆	090
35. 众志成城　抗冰保畅	092
36. 强台风肆虐下10天复产	094
37. 金册档案　花开暗处也芬芳	096
38. 细分台账留影像　隐蔽工程严管控	098
39. 科技创新打造桥梁施工的"安全锁"	100
40. 南粤style　创建"平安工地"的科技范儿	102
41. 潭水服务区"北水南调"	104
42. 跨界合作！"最美扶贫路"出实招	106

第二章　南粤工匠　　　　　　　　　　107

一、个人部分　　　　　　　　　　　108

1. 职雨风　　　　　　　　　　　108
2. 尹良龙　　　　　　　　　　　110
3. 孙家伟　　　　　　　　　　　112
4. 【珠海连接线】王啟铜　　　　　114
5. 【仁新】黄少雄　　　　　　　　116
6. 【阳化】张连成　　　　　　　　118
7. 【连英】李斌　　　　　　　　　120
8. 【新博】尹亚明　　　　　　　　122
9. 【英怀】吴善根（中交一院）　　124
10. 【仁新】原剑丰（广东华路）　　126
11. 【新博】张国庭（广东交科）　　128
12. 【阳化】阳任红（贵州公路）　　130
13. 【龙连】郑建广（中铁十四局）　132
14. 【仁新】裴树林（中铁十二局）　134
15. 【江肇】李燕珊　　　　　　　　136
16. 【韶赣】刘美秀　　　　　　　　138
17. 【阳化】冯清妍　　　　　　　　140

二、团队部分　　　　　　　　　　　142

1. 省南粤交通公司专业技术小组　　142
2. 仁新管理处工程管理部　　　　　146
3. 龙连管理处工程管理部　　　　　148
4. 江肇管理中心机电隧道部　　　　150

5. 仁新高速公路城口主线站收费A班 ……………………………… 152
6. 韶赣高速公路珠玑巷服务区 …………………………………… 154
7. 韶赣高速公路总甫中心站 ……………………………………… 156
8. 江肇管理中心大沙中心站 ……………………………………… 158
9. 仁新A2设计合同段（中交二公院）…………………………… 160
10. 新博A4设计合同段（中交一公院）………………………… 162
11. 连英J4总监办（广东华路）………………………………… 164
12. 仁新JS1试验检测中心（山西交科）………………………… 166
13. 云湛JS5试验检测中心（苏交科）…………………………… 168
14. 连英TJ25合同段工程部（中铁四局）……………………… 170
15. 龙连TJ13合同段项目部（中铁隧道集团）………………… 172
16. 阳化LM5合同段项目部（中铁十四局）…………………… 174
17. 仁新TJ14合同段小型预制构件施工班组（中铁十二局）… 176
18. 新博TJ16合同段九连山隧道出口施工班组（中铁十二局）… 178
19. 化湛TJ25合同段转体桥作业队（中铁十二局）…………… 180
20. 江肇高速公路养护工班（冠粤养护）……………………… 181

第三章　全景展示 …………………………………………… 183

一、地势坤 ……………………………………………………… 184
二、善若水 ……………………………………………………… 206
三、公为道 ……………………………………………………… 220
　　1. 营运服务 ………………………………………………… 220
　　2. 营运养护 ………………………………………………… 224

Chapter 01 第一章

精品诚造

千帆竞过,百舸争流,唯有品质立潮头。

南粤交通工匠视每个项目为一件作品,内里的一笔、一划,都决定着它最终呈现的效果。为此,他们珍视建设全过程,从勘察设计、征地拆迁,到施工建设、过程管理,再到营运养护、服务保畅,一路潜心于每一个环节的精雕细琢。

历经六载栉风沐雨,绿色蛟龙腾空飞起。大道无言,路在脚下延伸,演绎着南粤交通工匠攻坚克难、奋勇拼搏、精益求精的故事;大地生辉,折射出南粤交通工匠筚路蓝缕、守正创新、追求极致的匠心!

大道通南粤,笑傲山重水复,铭刻情深意切。一组图片,一个故事。对于南粤交通工匠而言,每段路、每座桥、每条隧道、每对服务区、每个互通、每处景观……都有许许多多可娓娓道来的故事。

这些故事,无关风月,只谈品质。

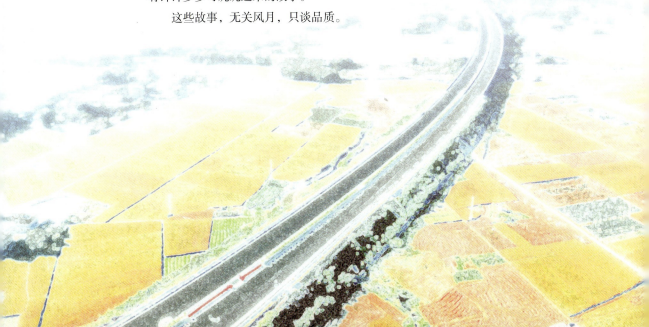

1 路域景观提升工程

省南粤交通公司依托路域景观提升工程,充分展现"南粤品质工程"创建活动成果,努力打造具有公司特色的集"技术、艺术、生态环保"为一体的景观公路,积极落实"融入自然,以人为本"的理念要求。

(1)对互通立交、隧道分离式中分带打造微地形+草地疏林景观,根据行车视线采用不同主题树种进行景观打造。

01/02 互通立交填方边坡放缓，人为打造微地形+草地疏林景观

（2）为弱化石质边坡生硬的视觉效果，在石质边坡进行穴植开花灌木，提升石质边坡景观，在坡脚种植爬藤及灌木，丰富景观层次感。根据坡面特点开展石质边坡雕刻设计，体现时代精神。

03/04　石质边坡穴植开花灌木，犹如突兀石壁上一抹红，给驾乘人员眼前一亮的感觉，缓解视觉疲劳

05　　　石质边坡艺术美化，体现时代精神

（3）隧道洞门设计以具有地域特色的饰面图案为元素，与周边环境相协调，通过丰富多样的表现形式，打造地域文化名片。

06/07　提取具有地域特色的饰面元素进行隧道洞门设计，打造地域文化名片

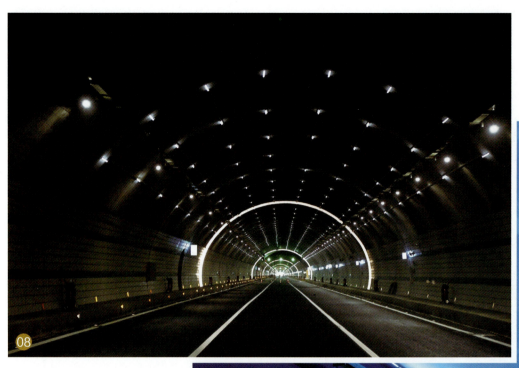

(4)为缓解特长隧道内驾驶员长时间驾驶和周围环境单一造成的视觉疲劳,通过人为造景改善驾乘体验,提高安全系数。

08/09　特长隧道内打造蓝天白云、光环星空等景观，缓解驾驶员的视觉疲劳

⑩

(5)通过多样化的中央分隔带植物搭配营造景观,利用形式各异的声屏障提升路侧形象,在挖方边坡平台上设置三角玫花池点缀边坡色彩,对部分反向边坡边部进行弧化处理使视觉效果更为自然,对行驶可视范围内大面积外露混凝土面进行专门外观设计以打造有项目特色或时代特征的文化景观。

10　中央分隔带植物搭配
11　路肩墙墙面装饰

② 标线光亮工程

公路交通标线作为交通安全设施的组成部分,是渠化交通、诱导线形、保障交通安全的重要设施之一。当前,在公路交通标线产品质量、建设施工中,仍然存在原材料以次充好、施工质量把控不严等情况,导致高速公路标线反光等功能出现迅速衰减问题。为深入贯彻落实公司"南粤品质工程"创建活动,提升高速公路路面标线质量水平,自2018年5月1日起,公司开展了路面标线质量提升行动,制定了《广东省南粤交通投资建设有限公司路面标线质量提升行动实施方案》,依托2018年通车项目(约500km),强力推进标线质量提升工程。

主要内容:

牢固树立质量安全管理意识,牵头组织设计、监理、检测、施工单位,认真落实标线质量管理责任,紧紧围绕路面标线质量提升这一核心开展工作,切实提升路面标线的反光性能和耐久性,打造标线"光亮工程",保障高速公路营运期间行车的交通安全,丰富"南粤品质工程"创建的内涵。

具体做法:

(1)制定办法制度,完善基建程序。印发公司层面的路面标线质量提升行动实施方案,制定标线施工标准化管理办法,推行"首件工程制",确定最佳工艺,建立样板工程。

(2)创新工艺工法,开展专题培训。组织设计、施工、监理、检测编制标线质量提升方案,将标线逆反射系数从150 mcd·m^{-2}·lx^{-1}提高至250 mcd·m^{-2}·lx^{-1},并进一步细化原材料指标、施工工艺、施工设备等,全面提升标线质量。

(3)加强原材料管理,规范现场施工。

(4)严格过程管控,落实管理制度。各项目对标线原材料进场、存放、检测、施工及成品检测采用日常巡检与专项检查相结合的方式,严格过程控制,确保各项管理要求落到实处。

01 特殊路段试点采用全天候雨夜反光标线，确保标线在雨天夜晚水膜覆盖条件下仍能反光

02 试点采用Borum自动化施划设备，并与传统施工工艺进行对比

03 原材料存放在全封闭料仓并进行下垫防潮，并三方见证取样，检测合格方可使用，从源头保障标线施工质量

04
05

04 规范现场施工工艺，严格控制涂料施划温度在180℃~200℃，控制走行速度在7~9m/min，规范交叉施工围蔽，防止污染
05 制定原材料进场、抽检、送检台账，落实全员、全过程精细化管理

06 标线逆反射系数检测,做到施划一段检测一段,发现不合格之处,坚决返工处理

07 加强过程质量控制,严格控制标线厚度,不允许出现负偏差,确保标线耐久耐磨

08 召开标线施工质量控制研讨会

3 伸缩缝平顺工程

省南粤交通公司在所属项目大规模开始进入伸缩缝施工之前，结合公司"南粤品质工程"创建活动有关要求，制定了伸缩缝平顺工程，以规范桥梁伸缩缝质量管理，提高伸缩缝位置的驾驶舒适度，倾注匠心打造人民满意的品质交通。

（1）严把材料关。选定信誉较好的伸缩缝供应商，伸缩缝进场除了按规范要求进行检测外，还需对外观质量进行检查。伸缩缝施工原则上不允许使用商品混凝土，应使用独立的拌和站供料。

（2）实施两阶段首件制。第一阶段按正常的土建施工分项工程首件制进行；第二阶段以完成总工程量的20%左右为节点，汇总相关过程检测数据和问题，召开专题会进行工艺稳定性分析，及时提出改进意见并整改落实。

（3）交通管制保安全。伸缩缝施工期间，交通管制遵循"谁封闭谁负责"的管理原则和"整半幅全封闭"的组织原则，以保障桥面通行和减少交叉施工引起的安全隐患。

（4）开槽切缝高标准。开槽检验标准为：开槽后用3m直尺测量槽口两侧沥青路面的平整度，确保3m范围内平整度不大于3mm/3m，如沥青路面平整度较差，应适当扩大切割范围。

（5）加强混凝土面平整度控制。确保混凝土面与桥面、型钢相接的四条线平顺，型钢面低于沥青面1~1.5mm，不允许高于沥青面；浇筑混凝土时，采用1m直尺对纵桥向混凝土面按1m左右间距随时进行平整度控制和修整；混凝土初凝前，要采用3m直尺，按1m左右的搭接长度，对横桥向伸缩缝两侧的混凝土面进行平整度测量并采取必要的修整措施。

（6）明确质量验收检查方法、频率及返工标准，并建立伸缩缝实体合格率台账。

01/02 设置安全警示和围蔽措施
03 开槽切缝落实防污染措施

04 加强过程控制
05 伸缩缝安装及钢筋焊接

06　浇筑前防污染措施
07　混凝土面平整度控制
08　平整度检测

4 路面耐久工程

近年来，广东省高速公路建设发展迅速，路面使用的耐久性受到技术人员的普遍关注。省南粤交通公司以"南粤品质工程"创建活动为契机，成立路面工程专业技术小组，从人才选拔、原材料把控、设备进场、技术管理等方面不断优化和提高，将高标准、常态化严管贯穿始终，以结构层每米的精细、每层的完美，努力实现通车项目三年路面"零养护"的品质建设目标，全力打造路面的"南粤品质工程"。

（1）应运而生的路面工程专业技术小组。省南粤交通公司面对建设任务繁重、技术管理难度大的状况，成立了路面工程专业技术小组。目的是统筹公司现有优秀专业技术人员，通过培养锻炼出一批专业人才和专家团队，解决项目同类技术问题，发挥好技术小组的指导作用，合理推进项目建设。定位是公司专家智囊团队，结合自身专业特点，立足项目本职，兼职全方位服务公司项目一线，推进项目路面使用的耐久性。

（2）扎实做好路面备料的保供、保质工作，夯实路面品质提升的基础。省南粤交通公司近年来通车里程长，工期紧，总体路面施工备料数量巨大。在做好原材料准入、检验等质量管控的基础上，进一步做好以下工作：一是严控机制砂生产母材质量，根据试验结果适时调整生产工艺，并加强项目间的交流和学习，努力提高机制砂品质；二是鼓励各项目根据具体情况，沥青中、上面层选用优质石料；三是集料加工推荐采用引风除尘，慎用水洗除尘，坚决杜绝即洗即用。

（3）严格落实设备准入和验收制度。对拌和楼、摊铺机、同步碎石撒布车、透（黏）层油撒布车等关键路面施工设备，严格落实准入制要求，经考察、验收合格后方可投入使用。设备运行期间，发现问题且较难整改的，坚决予以清退更换。

（4）从技术入手，做好施工保障工作。公司特别注重路面施工的配比、施工方案等技术管理工作。大面积开工前，结合路面技术小组、路面咨询单位以及其他专家的技术力量分析，不断优化施工方案，以更便捷、更高超的施工技术呈现出更完美的路面结构层。

01/02　采用清扫车+森林灭火器
　　　　清扫工作面
03/04　水稳施工侧面立钢模结合
　　　　边部补洒水泥浆

05　零污染施工管理
06　采用筛网对粗离析部位补细料
07/08　采用预制块或布袋压边养生膜，保证养生膜全包裹，缝隙小，保湿效果好，提升水稳质量

09 采用薄膜覆盖结构物,防止沥青污染
10 小型压路机压边

5 以"微创新"精打细磨工程

　　创新是提升项目内在质量与外在品位的强大动力。省南粤交通公司倡导以设备保工艺、以工艺保质量、以质量提品质的理念,鼓励参建各方在"南粤品质工程"创建活动中竞相迸发智慧,大力推广机械化、智能化施工与先进、适用的工艺工法。在"优质优价"奖金中设立"创新工艺"奖励金,实施考评奖励,充分调动各方参与新技术、新工艺、新产品、新材料"微创新"的积极性和主动性,取得较好效果。当前,省南粤交通公司已有路面智能压实监控系统、混凝土护栏及路缘石底座基础滑模工艺等共计260项"微创新"成果。

　　从细节着手,以创新引领品质提升,南粤交通人将每一处细微之处创新,汇聚凝结成"南粤品质工程";每一个"微创新"的举措,都是对"南粤品质工程"的精打细磨。这是南粤交通人扎实每一步,做细每一步,用匠心铸造"南粤品质工程"的真实写照。

01　桥梁防撞护栏内外侧同步养生台车

02　门架式全自动水沟电缆槽液压台车

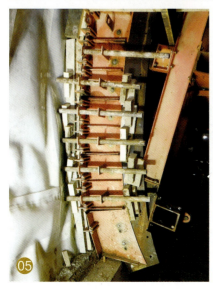

03 中央隔离带护栏作业台车
04 沥青混合料摊铺机安装反向叶片
05 隧道二衬中埋式止水带定位卡具
06 钢绞线编束支架

07	
	08
09	

07　叉车改装的吊装车安装新泽西护栏
08　牵引式侧向自动送土机
09　小型龙门吊吊装新泽西护栏

6 大山里的马铃声

"骡马运输队"帮助省南粤交通公司所属仁新、龙连、河惠莞等多个项目渡过了进场难关,是名副其实的项目建设好帮手。

河惠莞项目赤竹坪隧道入口10kV永临结合外供电线路全长17.5km,多穿越于崇山峻岭之间,整条外供电线路共需建设84基铁塔,每基铁塔基础需要运输的沙石、水泥、铁塔钢材近100t,大部分铁塔都建在高山上,施工难度极大。如果按常规施工,就必须先用机械劈山修路,再用车辆运输材料上山。这样不仅会拉长工期,而且势必破坏山体和植被。

为了保障赤竹坪隧道早日通电施工,外供电专业施工单位从全国各地调配了96匹骡马,组建多个"骡马运输队"参与施工建设。在河惠莞高速公路建设工地上,骡马队成了一道独特的风景。据"骡马运输队"队员介绍,这些骡马聪明、通人性,运输的线路只要带它们走一次,就能够记住并顺利到达目的地。

01/02　骡马运输队

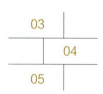

03/04/05　骡马运输队

7 打通无人区　隧道咬牙上

"大家准备，听我口令，一、二、三，放缆绳。""嘟、嘟、嘟"，一艘渔船冒出一股黑烟，嘶吼着冲向对岸，船上载着一台准备修筑便道的挖掘机。在仁博项目仁新段TJ2标建设初期，这样的场景经常出现。

仁博项目仁新段TJ2标榕树隧道被称为全线进场最难的隧道，进出口均处于被河流和水库包围的无人区，沿线所有桥梁墩位都在峡谷峭壁或V字形深沟上，山坡坡度一般为60°~70°。在如此险要的地形地貌下修筑高速公路，机械设备、材料运输、站场建设都成了难题。

2015年，韶关受超强厄尔尼诺现象影响，秋雨从9月一直下到12月。雨水肆虐，水位上涨，工程队起初计划采用的水泥涵管搭建漫水桥的方法，完全经不起雨水冲刷，而架设钢栈桥却需要一个月。

01　榕树隧道洞口地形条件

为了早日打通榕树隧道进口，盘活水东一、二、三号大桥的"大动脉"，建设者们集思广益，通过反复论证研究，决定采用船运机械的方式使机械过河。多方物色后，TJ2标工程队最终选定了一艘对当地水情熟悉、船体载重和船况都比较好的渔船。就这样，一台机械过河了，一个平台修好了，一条施工便道盘活了……如同愚公移山，仁博项目仁新段逐步打通了无人区榕树隧道。

02　拖船运设备进场
03　榕树隧道进口开挖便道

8 山幽通曲径　"工道"在"仁新"

仁新高速公路地处粤北山区，地形条件复杂，路线全长163.9km，设计施工便道约480 km。施工便道临时占地较多，对环境影响大，如何实现便道施工中的资源节约和环境保护是摆在建设者面前的一大难题。

结合省南粤交通公司的发展理念，仁博项目仁新段在开工初期就提出便道"永临结合"的思路，对施工便道的布设进行了细致的调研设计，最终项目沿线有88条临时施工便道（长度约145 km）实现了与地方道路或改路的有机结合，最大限度减少土地资源的占用，节约建设成本。项目建设完成后便道移交地方使用，取得了良好的社会和经济效益。另外，项目规定便道填挖施工不得超过二级边坡，便道上下坡面均实现生态复绿，降低了便道实施对环境的破坏。

01　便道与地方道路相结合

02　便道边坡复绿
03　便道防护
04　便桥防护

9 省人工，更精确
——钢筋骨架加工和吊装新工艺

云湛项目化湛段TJ23标在钢筋加工过程中，发现小箱梁腹板和顶板钢筋笼骨架每次都在不同的台座绑扎，不仅功效低，钢筋间距保护层定位控制也很差。项目部组织人员攻关，研发钢筋定位胎架，并结合项目箱梁施工图纸制作了边梁和中梁胎架各一套。应用预制梁钢筋定型胎架，钢筋绑扎间距均匀，剪力筋及护栏预埋筋位置准确平直，绑扎效率高；波纹管定位准确，线形平顺；底腹板及顶板钢筋骨架整体吊装，提高工效，减少人力投入。

此外，项目部还改进了钢筋笼吊装工艺，采用龙门吊整体吊装，大大减轻了工人操作负担，需要人工数量降低30%。

类似的工艺在龙连、连英、怀阳等项目均有应用，提质增效成果显著。

03	
01	02	04

01/02/04　预制梁钢筋定型胎架
03　　　　钢筋骨架整体吊装

10 机器人在钢箱内"上岗"

机器人轻巧地钻入钢箱内，沿着底板在钢箱梁内两侧快速电焊，完美地走出了一条直线。走进清云项目，便可看到这新奇生动的场面。

高速公路通车后，钢箱梁U肋开裂是常见的通病。为解决这一通病，清云项目西江特大桥主桥运用正交异性板U肋机器人自动化内焊技术，这是国内第一座顶板全面运用该技术的桥梁。

该技术将U肋与桥面板之间的连接焊缝由单侧角焊缝改变为双侧角焊缝形式，大幅降低焊根处及桥面板焊趾处的拉应力值，避免从焊缝焊根处产生疲劳裂纹，提高正交异性钢桥面板疲劳性能，降低桥梁寿命周期内的维护成本。同时，为正交异性结构的轻量化设计提供了良好的技术条件，大幅提高了钢箱梁顶板的疲劳性能，提高了钢箱梁结构耐久性。

01/02　西江特大桥机器人U肋内焊作业
03　　U肋板单元机械矫正
04　　焊缝成形

11 二维码让预制梁有了"身份证"

走进阳化、连英、河惠莞等项目的预制梁厂,你会惊奇地发现,生活中到处可见的二维码竟也贴上了预制梁。原来,项目部通过建立预制梁云端信息管理平台,将预制梁的编号、桥梁上部结构简介、预制梁混凝土配合比、混凝土浇筑日期、预制梁张拉日期、设计强度、实测强度、保护层合格率、起拱度、外观质量等关键信息,以及设计单位、监理单位和施工单位信息都录入了数据库,赋予每片梁一个特殊的"身份证"——二维码。"项目管理过程中,任何一个人想了解预制梁的生产信息,只要拿出手机扫一下二维码,就能一目了然。"连英项目负责人说。除了预制梁,二维码还被广泛运用于桥墩、新泽西护栏等结构物中。

01 预制箱梁二维码质量追溯系统

02　贴有二维码标识的新泽西护栏
03　贴有二维码标识的预制梁
04　扫码结果

12 穿山越岭跨龙门　内滑外翻保施工

龙怀项目英怀段龙门大桥主跨为（72+130+72）m连续刚构，桥梁主墩高达84m。由于龙门大桥主墩非常高，若采用传统翻模施工工艺，施工工期长、安全风险大。

为加快施工进度，并保障施工安全和施工质量，该桥主墩采用了内滑外翻施工工艺。与传统翻模技术相比，自动翻模施工采用整体式自提升桁架施工平台，无需塔吊，采用桁架上安装卷扬机提升混凝土、钢筋及其他辅助材料；翻模装置拆除、提升均在平台上进行，避免人工在高空进行拆除作业，降低高空拆除的风险；桁架、模板通过固定在墩柱上的滑杆整体提升，稳定性高，施工速度快并降低了施工安全风险；以6号、7号主墩为例，平均每天施工进度为3～4m，比传统翻模工艺缩短工期约30d，同时墩柱外观质量得到了保证。

01　自动翻模整体操作结构

02 墩身预埋钢管托住模板
03 自动翻模施工支承杆位置
04 卷扬机运输混凝土

13 移动模架法 + 模块化快速施工

东雷项目通明海特大桥西引桥上部结构为现浇箱梁，共有142孔现浇箱梁，其中最长施工梁段为60m，浇筑最大方量为744m³。

现浇箱梁施工采用的是移动模架法施工，按照常规工艺进行钢筋、模板（内模）散拼安装到混凝土浇筑，施工周期为18~20d/孔。按照此施工速度，将难以保证按时完成引桥现浇箱梁的拉通。

为保证项目总体工期，按时完成引桥的拉通任务，项目对移动模架进行优化设计，通过预制化、模块化施工，提高效率。项目根据现浇箱梁的构造特点，在混凝土养生这段时间利用钢筋台架和内模骨架，提前把底腹板钢筋和内模预制好，施工时采用桥面龙门吊进行吊装，以缩短钢筋模板施工的周期。

通过项目的大力投入以及对工艺的总结优化，该桥单孔施工时间控制在12d以内，比常规工艺缩短6~8d。

01　移动模架法施工

02 桥面龙门吊整体吊装底腹板钢筋
03 现浇箱梁内模预制吊装
04 现浇箱梁混凝土浇筑

14 巨大混凝土块挖洞过
——清云项目西江特大桥"通道锚"

西江特大桥南岸受山岭地形限制，南引桥为避开山岭线路设计为缓和曲线。如果采用传统的重力式锚锭系统，锚体需位于路面以下，主缆为避开引桥需要在塔顶设2.99°的横向偏角，而偏角的设置会对索塔和索鞍受力产生一定影响，增大施工设计难度。

创新在于能够突破传统，用新思路形成新举措。清云项目创新性提出将锚锭置于路面以上的"通道锚"方案，这在全国属于首创。选择"通道锚"新颖的结构形式，使得整个锚锭基底上抬，从而减少深基坑开挖，减少对环境的破坏。不仅如此，清云项目针对主缆防护方案，采用"除湿空气+缠包带"的新技术，延长主缆更换期限，更好保护"生命线"。

01/02/03/04 清云项目西江特大桥"通道锚"

15 掏空铁轨做文章

仁博项目仁新段在主线里程K248+434.74处与赣韶铁路路堤（填土高约12m）呈68°斜交，设计选用4孔并行（10+15×2+10）m顶进涵进行铁路下穿施工，其跨径当时在广东省高速公路下穿既有铁路中属最大，开挖净空亦属全国罕见，一次顶进距离最长（45.07m），顶推力最大达21423kN，创造了多项纪录。

涉及既有营运铁路下穿施工，如何保障顶进涵施工顺利，把对赣韶铁路正常营运的影响降到最低，并在2016年春运前完成下穿施工以保障仁博项目仁新段一期工程的总体通车目标实现，是管理处与施工单位的坚定目标。为此，项目主动与铁路部门加强沟通协调，2016年，在广铁集团涉铁项目审批体制改革后于200多家涉铁项目中第一个取得营业线施工许可证，施工过程中不断优化施工方案，全过程严格管控工序、工艺和施工作业流程，攻克顶推距离长、开挖净空高、既有路基加固、受力体系三次转换等多项技术难题，圆满完成既定目标。

01 供电接触网电杆运输
02 钢便梁架设完成
03 扣轨梁安装完成

04	06
05	07
08	

04　第一孔路基开挖、运输
05　第二孔路基开挖
06　预制滑板
07　第一孔顶进施工
08　顶进涵施工完成

16 肚皮泛起品质"波"
——珠海连接线前山河特大桥

前山河特大桥主桥采用新型、大跨、宽幅波形钢腹板预应力混凝土连续梁桥方案，外形看上去仿佛桥肚子上泛起一层波浪。该桥主桥跨径为（90+160+90）m，在已建成的波形钢腹板连续梁桥中位居国内第一、世界第二，技术水平总体达到世界领先。这样一张"南粤品质工程"桥梁名片有哪几把"刷子"呢？

（1）工厂预制确保成品质量。波形钢腹板作为预应力组合箱梁中的一种新型构件，其制造与加工是否能达到设计要求，是波形钢腹板预应力组合梁体系能否正常发挥作用的先决因素。前山河特大桥施工所用波形钢腹板全部在智能化工厂内无牵制模压成型，采用先进数控水下等离子切割工艺定尺加工制作自动出板；波形钢腹板成型后在标准化厂房内磨砂、焊接、抛丸及喷涂施工，并配以先进的超声波无损检测设备。

（2）桥梁施工风险高，线形控制有妙招。前山河特大桥桥面设计高程在河面20m以上，加之波形钢腹板安装定位操作空间要求大，高空作业施工风险高；同时，大桥设计主跨160m，跨径创国内同期在建同类桥梁之最，整体线形控制精度要求高。为此，项目建设者们专门设计了具备吊装功能的菱形挂篮，并采用分节段悬臂浇筑施工工艺。在施工过程中，通过引入第三方监控量测单位，定期监测、分析各节段施工过程中桥梁结构线形偏差情况，适时调整，及时反馈指导施工，确保了最终成桥线形和设计线形保持一致。

01/02 主桥波形钢腹板连续模压成型及无损检测

03　0号块施工
04　中跨合龙
05　建成后的前山河特大桥

17 向技术要时间

怀阳项目西江特大桥主墩地质具有浅覆盖层、全岩、硬质等典型特征，根据建设期实际情况，若采用以往施工工艺，将无法完成安全度汛的要求。项目技术人员通过研究对比国内外最新桩基础施工工艺和机械装备，大胆选用旋挖钻机进行成孔。通过对机械扭矩的反复验算、钻头的改装、分级施工等详细工艺，完成了旋挖钻机在本地质情况下的桩基施工指导方案，并仅用两个月的时间完成单个主墩桩基（20根），约为冲孔钻机3~4倍的工效。

01
02

01/02 桩基旋挖施工

为保证怀阳项目关键节点西江特大桥主桥施工免受汛期洪水影响，西江特大桥主墩承台采用有底钢套箱施工方案。钢套箱为双壁结构，在工厂制作，与底架、吊架、内撑一起组装，由货船运输到桥位，封闭航道后，由1000t浮吊整体吊装就位工艺进行施工。

考虑到内河流域整体吊装要求高、航道船舶众多、时间紧迫等一系列问题，怀阳项目通过对钢套箱底架和受力系统创新优化、精简各施工工序等措施，用8h的时间完成了每个钢套箱整体吊装的所有工序。该举措是西江内河流域首次如此大规模的整体吊装施工，在当地社会及业界树立了良好的口碑。

03/04 钢套箱整体运输、吊装

18万吨大桥华丽"转身"

高速公路与铁路干线的纵横交错给建设者们带来挑战，尤其是像跨越京广高铁这样每天有200多列次，最高时速可达350km的主干线。如何降低上跨铁路施工的风险，又能确保铁路的正常运营，省南粤交通公司进行了探索，在云湛项目化湛段与龙怀项目连英段创新采用了桥梁转体工艺。

转体系统由转体牵引体系、防超转装置、辅助顶推装置、转体观测标尺设置、转体系统封固组成，通过设置转动系统安装、转盘、上承台施工等工序，采用分幅预应力钢筋混凝土T构同步转体。

01/02 云湛项目化湛段——茂湛铁路跨线桥

2017年7月17日，云湛项目化湛段跨茂湛铁路转体桥83.6°转体顺利精准到位，单幅桥重10500t，这是广东省高速公路建设史上的第一座转体桥。其成功转体，是广东省高速公路建设史上浓墨重彩的一笔，是省南粤交通公司打造"南粤品质工程"的又一丰硕成果！

2018年1月26日，龙怀项目连英段英红特大桥跨京广高铁转体桥再次顺利转体，单幅桥重13500t，开创了全国首例双幅高速公路同步转体跨越双幅高速铁路的历史。

03/04　龙怀项目连英段——英红特大桥

19 斜拉桥索塔演绎"天圆地方"

  广中江高速公路共有四座斜拉桥，其中江门境内有滨江大桥、潮荷大桥、江海大桥三座，广州境内有番中大桥一座，均为中央双索面半漂浮体系斜拉桥。其中滨江大桥、番中大桥为扇形索面布置，潮荷大桥为竖琴形索面布置，江海大桥为辐射形索面布置。

01 滨江大桥，索塔高127m，采用"天圆地方"的形式：塔顶为圆形结构，塔底为矩形结构，上塔柱中部设置35m的圆方过渡段

02 潮荷大桥，索塔高107.928m，采用"圆方交融"的形式：塔顶为圆方形交融结构，塔底为十二边形，利用三维仿真技术，拟合出高度方向的最佳变换曲线

四座斜拉桥均位于城区或开发区，景观效果要求高，除采用中央索面结构提高景观效果外，在索塔造型上也提出了不同的造型设计理念，并根据桥梁结构及环境特点进一步演变为更为简洁抽象的景观造型。

03　江海大桥，索塔高111.188m，采用"亦圆亦方"的形式：塔顶为正八边形结构，塔底为矩形结构，上塔柱中部设置30m的过渡段

04　番中大桥，索塔高119.8m，采用演绎"阴阳五行"八边形的形式：上塔柱采用等截面的八边形，下塔柱结合受力逐步变化

20 精准对接过刀阵　绣花功夫穿冻土

珠海连接线控制性工程拱北隧道全长2741m，由海中隧道和城市地下隧道组成，按照"先分离并行，再上下重叠，最后又分离并行"的形式设置。作为港珠澳大桥整体工程中两个重大控制性工程之一的港珠澳大桥珠海连接线拱北隧道暗挖段，是世界首座采用"曲线管幕+冻结"法施工的双层公路隧道，其管幕长度与冻结规模均刷新了世界纪录。

"三座大山"前路拦

拱北隧道之所以被称为"世纪工程"，其主要原因在于所面对的均为世界级难题，三大难题成了横亘在建设者面前的三座大山，无路可绕，必须翻山而过。

超浅埋深：拱北隧道暗挖段的覆土厚度不足5m，跨度却达19m，埋深不到跨度的四分之一。

地质极软：拱北隧道所处地质环境非常差，沿海回填土、淤泥质土与砂土混合的松软土体如同"豆腐脑"一般，地面下约1.5m就富含地下水，并与拱北湾海水连通。

01　拱北隧道洞口

02 "曲线管幕+冻结"法示意图
03 管幕群管顶进
04 顶管完成

断面巨大：隧道下穿拱北口岸，口岸内建筑物桩基星罗棋布，可供选择的线位及空间有限，只留下三十几米宽的狭长地带。要想达到双向六车道高速公路的隧道断面要求，同时不影响建筑物桩基基础，只能选择"瘦高"型的上下双层隧道。这样一来，隧道的高度就达到了21m，跨度达19m，整个开挖面积达到336m²。这个相当于一个篮球场面积的世界最大断面，让施工风险等级越发增大。

三大难题形成的巨大风险成了拱北隧道暗挖段施工中，时刻悬挂的"达摩克利斯之剑"，容不得有丝毫掉以轻心。

匠心巧设"金钟罩"

珠海连接线管理中心在项目设计初期经过多方论证，大胆地提出暗挖段采用255m"曲线管幕+冻结"法为隧道开挖罩上"金钟罩"，并分5台阶14步开挖施工。

顶管成幕：管幕由36根顶管组成环形支护体系，每根顶管直径为1.62m，长255m，然后将顶管分成4m一节通过法兰连接后依次顶入。顶管最大的风险在于对精度的把控，管幕离粤澳联检大楼桩基1.6m，离口岸风雨廊只有46cm。为了躲避隧道两侧密布的桩基，顶管被设计成了曲线，在桩基间穿梭就像在刀尖旁行走，加大了管幕施工的难度。顶管施工时必须将顶进精度的误差控制在5cm以内，否则就会出现顶得进去穿出不来的情况。

05
06

05/06 拱北隧道管幕冻结效果

07/08 5台阶14步多导坑分部开挖

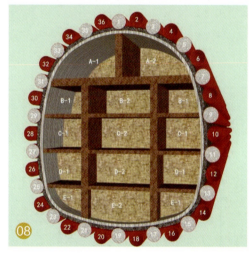

冻土造壳：为了确保管幕顶管间35cm的土体达到封水效果，管幕形成后需要进行冻结，确保冻土温度平均为-17℃。25台冷冻机组不间断对管幕圈实施控制冻结，日均耗电量达10万度，仅电费1年约4000万元。耗时近一年时间形成了厚度2.6m、长度255m的"金钟罩"，这才使得隧道能够在无水条件下进行开挖。

化整为零：为了能够减少超大断面施工带来的风险，拱北隧道暗挖段采用多层多部开挖、立体交叉作业的施工方法，分5层共计14个小洞逐个击破，按一定开挖顺序交叉向前挖掘推进，边开挖边支护封闭，这每一步都如同绣花一样，做到最细才能最大限度确保隧道结构稳定，减小施工风险。

历时近5年，在先后完成超大断面曲线管幕顶管施工、超长距离水平环向冻结后，2017年4月，珠海连接线完成全部5台阶14导洞开挖作业，顺利实现隧道全线贯通。

21 科技助力沥青路面无损检测

为全面掌握路面施工实体质量,仁博项目仁新段采用"无核密度仪""手推式高精度激光纹理仪""沥青路面全断面渗水状况快速检测系统""SCRIM横向力系数车"等无损检测手段,对试验段施工质量水平进行全面评价,并在后续大规模阶段对沥青路面施工均匀性实施全面检查。项目检测以大数据说话,避免了传统抽芯等检测手段覆盖面不广、效率不高的不足,协助查找路面质量问题原因,及时提出改进路面施工技术的指导意见并优化施工。

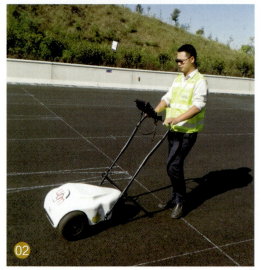

01	03
02	

01　无核密度仪评价压实度均匀性
02　手推式高精度激光纹理仪评价表面纹理均匀性
03　SCRIM横向力系数车检测上面层横向力(SFC)

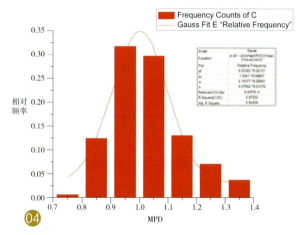

04

05

06

04　　测试路段表面纹理分布及其正态拟合
05/06　沥青路面全断面渗水状况快速检测系统评价渗水系数均匀性

22 桥下空间成了网红打卡点

"以前经过这里都会避开，现在变成干净的公园，我们经常会在这里拍照。"附近广东南方职业学院学生小卢说。现在，麦园公园深受同学们欢迎，成为学校旁边的"网红"拍照地。

小卢所说的网红打卡点正是省南粤交通公司广中江高速公路南山互通桥下空间。以前，这里时常发生摆摊设点、偷倒垃圾现象，堆积了大量建筑材料、生活垃圾，环境脏、乱、差，对居民、学生的出行产生严重的安全隐患。广中江项目主动联合当地政府，"以用助管"，将桥下空间管理与改善居民生活居住环境、城市创文紧密联系，共同将其开发成公园。经修建，南山互通桥下空间变身为"麦园公园"，占地约2.5万m²，配套大型花圃、休闲慢跑道路、健身娱乐设施，桥下柱墩被艺术涂鸦成清新的风景画，昔日的"黑角落"完成了"华丽转身"，成了"最美空间"。

		04
02	03	05
	01	

01/02/03/04/05　麦园公园

23 筑官山环保墙　护绿色新博路

　　新博高速公路在官山村路段穿越广东省惠州市博罗县官山村矿泉水详查部分探矿区。为了避免在该路段可能发生运载危险化学物品车辆翻落事故及危化品洒落在路基外侧而危及矿泉水补给水源安全，也减少对官山矿泉水的影响并以合理方案穿越，仁博项目新博段通过增设双层加强混凝土防撞栏，路面排水采取集中排水并经应急池、沉淀池等污水处理系统，完成对径流水的收集处理，防止直接排入敏感水体。同时增设附着式水源保护牌，提醒驾乘人员进出饮用水源保护区，发布水源保护事故应急电话，为水源保护提供电话预警。另外，在4.5m高的外侧防撞墙加格网，种植垂榕、使君子、炮仗花，将防护墙变为一条特色景观走廊。

01　官山环保墙

02/03/04　官山环保墙

24 精细管理　绿意仁新

仁博项目仁新段地处粤北山区，生态植被资源丰富。为了保护好路域范围内丰富的生态植被资源，践行生态环保理念，施工初期，仁新管理处便提前组织相关单位多次对红线范围内生态植被进行现场调查。针对有价值的原生植被区域，在项目5处互通区域、房建场区规划"生态保护区"，对保护区原生植被进行围闭保护，避免重复绿化；划定堑顶开挖线至用地红线范围为"生态保护带"，严禁破坏原生植被。

01 "生态保护区"
02 "生态保护带"

"你们用了什么好法子,这么快就让桥下的草长出来了?"在仁博项目仁新段TJ2合同段,韶关市仁化县城口镇东光村党支部书记刘龙古对项目的快速复绿很是好奇。

"我们把原来清表时的植表土拉过来铺上,所以草就长得快。"技术员虎鹏涛解释道。原来,在仁新管理处的统一部署下,仁博项目仁新段全线开展了表土(种植土)重复利用工作,将清表过程中清理出来的种植土集中堆放,待绿化工作需要时重复利用。据统计,该项目仅TJ2合同段施工就保存了种植表土约8万m^3,既提高了生态恢复效率,又降低了绿化成本。

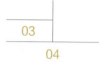

03　可利用表土临时堆场
04　桥下复绿效果

25 3200株原生大树迁移"新家"

"爸爸，爸爸，快看！这是我们老家那株荔枝树，真神奇，它竟然被移植到了这里！"阳化高速公路石鼓服务区，一位红衣少女正兴奋地招呼家人围观一株荔枝树。"哎呀，还真是，前几年这条高速公路征地拆迁时工人移走了它，真没想到最后被种到了这里，还结满了荔枝！"一家人围着荔枝树打量，犹如见到了久违的亲人。

01/02　苗圃场

这令人欢喜的一幕源于省南粤交通公司所倡导的"绿色交通、生态长廊"建设理念，云湛项目阳化段在工程清表时，对路域范围内原本需要砍伐的树木，如高山榕、树菠萝、香樟、荔枝、龙眼等20多个种植品种进行移植保护。"我们坚持留住原汁原味，每一棵树都挂牌记录生长原址，并建立苗圃基地100亩（约6.66万m^2），移植了3000多棵树径超15cm的原生树木。"项目主任张连成说。经过2年培育后，这些原生大树又"重新上岗"，陆续回迁到项目景观绿色工程中。

　　如今，这些树木已成为装点互通、服务区、办公生活区的一道风景线。驱车行驶在这条生态长廊上，除了能感受到现代交通带来的便捷，也许你还会如红衣少女般被建设者用心保护生态的细节所感动。

03/04　苗木回植

26 呵护绿水 "桥"见民心

"不违背老百姓利益的设计理念永不会过时。"高速公路在选线、设计和施工阶段,不仅要考虑安全舒适的因素,还必须兼顾民情民俗和生态环境。

潮漳高速公路跨越黄冈河,黄冈河是饶平人民的母亲河,黄冈河流域有多个一级、二级水源保护区、饮用及灌溉水库。为尽量减少施工期和运营期对水源保护区的影响,设计选取主跨120 m连续刚构作为黄冈河大桥结构方案,一跨跨越黄冈河,水中不设墩,减少了下构施工废水污染。施工阶段,严格落实各项环保措施,桩基施工泥浆池严格按三级沉淀设置,沉渣一律集中收集处理。为加强防水处理,桥面整体化层施工完毕后,桥面铺装防水层调整为纤维增强黏结防水层,有效避免桥面径流污水、污染物、危化品等泄漏污染黄冈河。

位于韶关市仁化县境内的锦江拥有典型、多样、珍稀、原生的热带、亚热带河流生态系统,其核心区至今基本处于较原始的状态。仁新高速公路线路优化后,在该自然保护区跨越锦江,锦江大桥距离保护区核心区最近距离约8.5km。大桥设计方案选取了连续刚

01 黄冈河大桥

构,一跨跨越锦江,水中不设墩,减少了下构施工废水污染。在施工阶段,控制施工废弃物严禁流入锦江,泥浆、砂浆、水泥浆、液压油等均集中存放后统一外运进行处理。该桥还应用了桥面径流污染防治技术,通过纵向桥面排水管、终端沉淀过滤池及应急池对污水集中收集处理,避免了桥面径流污水、污染物、危化品泄漏等对锦江造成直接生态破坏。

02	
03	
04	

02/03　施工中的锦江大桥
04　　　建成后的锦江大桥

27 万树朱华开　品质创品牌

"创品牌，若植秀木。"经过多年的栽培和修葺，省南粤交通公司通过"三、四、五"的标准规范服务建设（三，即为"三个一"收费窗口文明服务标准；四，即为"四个一流"路政标杆管理标准；五，即为"五化管理"养护管理标准），促进收费、路政、养护三大营运业务服务管理水平的有效提升，红棉品牌这棵"树木"已经欣欣向荣、生机勃勃。人才梯队建设健全，培育了一批德才兼备的员工；同时公司和各营运高速公路的荣誉接踵而来，社会评价不断提高，呈现出一派"落叶开花飞火凤，参天擎日舞丹龙"的景象。

而随着公司越来越多高速公路项目的建成和投入运营，建设和运营"双引擎"的运作模式将趋向于营运服务的"同线同标同质"。省南粤交通公司作为主要负责交通建设投融资和政府还贷高速公路建设、经营和管理的国有企业，更需要进一步彰显营运品牌的"服

01　最美服务区——韶关东服务区

务性"和"公益性",以社会责任、优质服务为切入点和出发点,大道为公,紧扣时代脉搏,以建设期"南粤品质工程"创建促进营运期"红棉"服务品牌转型升级,促进收费、路政、养护三大营运业务服务管理水平的有效提升。

02　交通指引
03　提供免费热食
04　加油站员工风采

05/06 "红棉"手势
07 联合稽查
08 巾帼红棉班组
09 "明察秋毫"

10 养护基地
11 路面铣刨
12 坑槽修复
13 路面摊铺

14	15
16	
17	

14　隧道清洗
15　标志牌清洗
16　救援应急演练
17　养护技术交流

28 湛海清湖 美丽"化"卷

行驶在化湛高速公路上，黝黑的路面、白色的标线和周围绿色的植物、金黄的农田构成了一幅秀美画卷。化湛高速公路通过内部造景、外部借景手法，在樟檬互通、洋官塘互通、横山互通和笪桥互通等原地形地势低洼互通处挖水塘、造大水体。水体面积近1万m²，打造一处一景，给互通营造一个天蓝、水清、岸绿的清湖画面。

作为祖国大陆最南端的雷州半岛海港城市，湛江市历来以环境优美著称。为了将工程建设与地域环境、文化融为一体，打造滨海风景高速公路，化湛高速公路通过上跨天桥蓝色波浪形涂装、服务区广场及服务楼中庭蓝色铺装、以玻璃钢塑形外墙上色等方法打造的服务区"凤正一帆悬"特色浮雕墙、利用路基开挖孤石制作服务区景观石、景观声屏障、彩色路缘石、雷州石狗、贝壳雕塑等硬质景观，将路域景观与地域文化相结合，展现海洋文化。

01/02 化湛高速公路利用路基施工开挖孤石制作景观石

03 良光服务区挡土墙造景
04 "红棉"景观声屏障
05 良光服务区"厕所革命"生态绿墙

06　三面环水的管理中心

07　特色天桥涂装，蓝色海洋色调，海鸥造型，营造海洋文化景观

29 咫尺匠心　新路朝阳

在云湛高速公路新阳段的潭水服务区，两侧山顶上分别设置了观景平台，一座名为"赏心亭"的六角凉亭在青山绿水中显得尤为别致。

作为中国最南端的喀斯特地貌地区，阳春的山水素以石山簇拥、湖山衬映著称，马水镇的马兰村，就是阳春八景之一"凤凰朝阳"的组成部分"马兰风光"之所在。潭水服务区因紧邻"马兰风光"旅游景点，新阳管理处便借当地优美环境，打造旅游服务区，提高高速公路的景观层次，让过往旅客能一睹"马兰风光"之美景。

用匠心暖人心，这里带给过往行人的不只是一个休息场所的印象，更是一份视觉、文化的享受和一段愉快旅程的回忆。

01

02	03
	04
01	

01　　潭水服务区"马兰风光"
02/03　潭水服务区观景平台
04　　六角凉亭"赏心亭"

30 安畅舒耐 最美高速

韶赣高速公路地处粤北山区，全长126.548km，共设有2对停车区和3对服务区，其中，珠玑巷服务区和韶关东服务区分别被交通运输部评为"全国百佳示范服务区"。沿线人文历史资源丰沛，文化旅游资源丰富，将南华禅寺、马坝人遗址、丹霞山风貌、车八岭自然保护区、客家围屋、珠玑古巷、梅关古道等粤北文化景点串联成线。

韶赣高速公路是京港澳高速公路、大广高速公路两条国家主干道的连接线，也是华东地区进入华南地区最便捷的通道之一，不仅是珠三角与长三角对接的纽带，还是推动"泛珠三角"与"红三角"区域合作的"桥梁"。2018年，在中国交通企业管理协会客运旅游工作委员会组织的第四届"最美中国高速路（桥）"评选活动中，韶赣高速公路凭借安畅舒耐的路容路貌、重要的地理位置和优质服务区水准，被中国交通企业管理协会客运旅游工作委员会命名为"第四届最美中国高速公路"，这是广东境内唯一获此殊荣的高速公路。

01 总甫互通

02 丹霞互通
03 韶赣余晖
04 珠玑巷服务区

31 宾至如归　温馨驿站

《左传》有言："宾至如归，无宁灾患，不畏盗寇，而亦不患燥湿。"客人到这里就像回到自己家一样，此所谓宾至如归。"以前我们都不愿意在服务区过夜，因为怕油和货物被盗。而在韶赣高速公路珠玑巷服务区，如果油被盗了，他们会进行赔偿。"常年跑长途的驾驶员师傅张新元说道，"这里还有青蜻蜓客房，经济舒适还很有特色，还有24小时热水房，我们可以在这里安心地洗澡、休息，养足精神再赶路。"

张新元的感叹，说出了无数驾乘人员的心里话。为缓解驾乘人员旅途中的舟车劳顿，韶赣高速公路全力为驾乘人员打造一个安全、舒适、平价的身心休憩之所。全线3对服务区，均开通了餐饮、超市、住宿、加油、充电桩、汽修等服务项目，配备了设施完备的第三卫生间、爱心妈妈小屋、热水冲凉房，提供饮用热水、手机充电、信息查询系统、急救药箱、无线上网等免费项目，环境优美，功能齐全，是驾乘人员宾至如归的温馨驿站。其中，珠玑巷服务区和韶关东服务区被交通运输部评为"全国百佳示范服务区"。

01　"全国百佳示范服务区"韶关东服务区概貌

02/03/04/05/06 "全国百佳示范服务区"展示

32 服务区里开扇门 匆匆过客变游客

一直以来，高速公路服务区只为行驶在高速公路上的驾乘人员、车辆货物提供休憩、整理服务，封闭式运营模式阻隔了高速公路两侧居民的天然联系以及与周边物资的交流。如何充分发挥高速公路作用，不断拓展服务区功能，助推高速公路沿线经济发展，省南粤交通公司在仁新高速公路翁源服务区进行了探索。

翁源服务区所在的翁源县特色农产品资源丰富，三华李、六里柑、九仙桃等水果久负盛名，是"中国三华李之乡""中国九仙桃之乡""中国兰花之乡"。仁新高速公路依托广东省（翁源）粤台农业合作试验区丰富的农业资源，一方面打开服务区大门，让驾乘人员可以走出去，在服务区周边观光农业、购买特色农产品，另一方面协调地方政府在双侧服务区后方各征用30亩（约1.998万 m^2）农产品展销区用地，双侧各流转500亩（约33.3万 m^2）特色农产品种植区及特色农业休闲区用地，拓展翁源服务区开放式"绿色生态"的服务能力。

01		
02	03	04

01　翁源特色服务区规划图
02　翁源特色服务区南区
03/04　翁源特色服务区北区

33 高分可视化智能监控系统 尽展"聪明才智"

高速公路监控管理综合平台是对火灾、环境、交通流等信息进行动态采集，对高速公路主线和隧道设备、交通运行状况等进行集成管理和联动控制等功能的系统，是高速公路监控的核心。

01/02　监控大厅

传统高速公路监控管理平台，业务系统繁多，数据不共享；设置控制平台分散，管理不集中；事件处置过程信息分散，效率低；无法对重点运营车辆进行监管。对此，阳化高速公路在广东省首创了高分可视化智能监控系统。该系统以高分辨率拼接大屏、高分多层大屏拼接处理器为基础，应用GIS（地理信息系统）处理技术和多维显示技术，通过一张具备8个4K输出通道显卡对72块拼接屏进行8画面分割高清展示。系统能够对车流量、通行费收入、绿色通道车流量、"两客一危"车辆行驶路线及状态、交通事故数据等进行集成自动处理，处理后的数据结果通过柱状图、曲线图等形式在监控大屏直观体现。同时，系统信息还可通过手机、iPad（平板电脑）等移动终端装载掌路App（应用程序）进行实时查看，实现手机端、电脑端、大屏端协调作业，便于跨部门、跨专业合作，大大提高保畅水平和反应速度。

高分可视化智能监控系统，为服务人民群众便捷、高效、舒适出行发挥"聪明才智"。

03	05	03/04 智能监控App
		05　监控系统组成
04	06	06　实时监控

34 VR进驻红棉培训馆

化湛高速公路打造了省南粤交通公司首个以VR（虚拟现实）体验为特色的红棉培训馆，该馆依托新一代信息技术——VR技术，以可知、可感、可触的沉浸式体验，为收费系列员工打造了科技化、智能化、互动化的培训场所，全方位展示VR技术助力"红棉"品牌建设的先进理念和独特魅力。

本培训馆占地约150m^2，以南粤"红棉"营运品牌为主线，主要由收费车道模拟操作区、红棉服务培训示范区、收费业务技能竞赛区、VR培训核心区四大区域构成，辅以"全息投影"引导员、互动查询系统。

通过身临其境的多媒体方式，进行"红棉"收费互动培训及有关收费现场环境、"红棉"服务、入口劝返等VR情景体验，有效规避收费现场的安全隐患，有效推动教、学模式转型。

01
02

01/02　红棉化湛体验培训馆

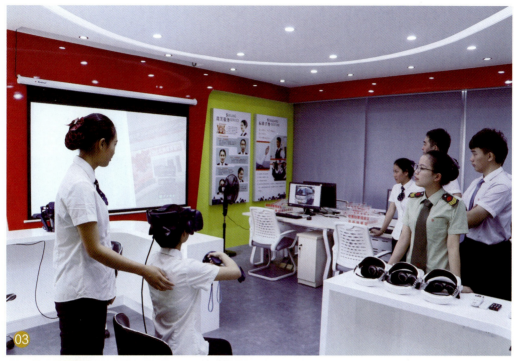

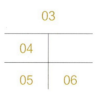

03	
04	
05	06

03/04　VR互动培训
05　　VR情景体验
06　　全息投影引导员

35 众志成城 抗冰保畅

2018年12月31日,强冷空气肆虐粤北山区。随着新年脚步的临近,返乡的人们顾不得严寒天气,纷纷踏上了归途,浩浩荡荡的车流涌上了龙怀高速公路英怀段。凌晨5时2分,英怀路政大队巡查发现,处于高海拔的杨梅路段出现了多处桥梁和路面结冰,令过往的车辆险象环生。

人民群众的生命安全不容懈怠!英怀管理处领导带领养护工程人员第一时间赶赴现场指挥抗冰工作。凤岗养护基地内警报声长鸣,抗冰物资和除冰装备在最短时间内悉数装车完毕,以最快的速度运抵现场。公路卫士们众志成城,一场抗冰灾的抢险战役拉开了帷幕。

01	
02	03

01/02/03 冰冻英怀

清晨6时许，英怀路政大队协助交警分别在汕头方向K545凤岗出口处、K528桔子岭隧道入口处、贺州方向K510主线处进行主线全封闭分流，同时在怀集北和凤岗收费站封闭往汕头方向入口，浸潭北和杨梅东收费站入口全封闭，交通压力得到了缓解。

养护工程部联合养护队、路政大队等单位对结冰严重的桥面和路面发起攻坚战，均匀抛洒足量的工业盐融化冰雪，并设置缓慢通行通道，引导和帮助被困车辆安全驶出结冰路段。经过大家齐心协力的奋战，11时46分，杨梅段交通恢复正常。

04　交通管制
05/06　撒盐除冰

36 强台风肆虐下10天复产

2015年8月中旬，云湛项目化湛段全线参建单位大规模进场，加班加点日夜开工，项目驻地、钢筋棚、拌和站、料仓的建设进行得如火如荼，声势浩大。9月底，各参建单位基本完成临建设施，并准备全线开工，以惊人的速度抢占先机。不料，2015年10月的一场台风将化湛近两个月的努力全部化为泡影。

当年，第22号台风"彩虹"（强台风级）以最大18级风暴扑向湛江市，以超强的威力正面袭击了云湛项目化湛段沿线施工标段，无情地摧毁了云湛项目化湛段刚进场一个半月以来完成的几乎所有临建基础设施，6个参建单位临时驻地板房、9个项目部钢筋棚、6个工地试验室、9个搅拌站料仓倒塌或受到不同程度损毁，现场一片狼藉，损失惨重，极大地打击了云湛项目化湛段旱季大干的整体部署。

面对灾害，云湛项目化湛段员工众志成城，同舟共济，共抗台风。在暴雨中抗台救灾的背影，全力以赴灾后重建的忙碌……仅用10天，化湛已有6个项目部圆满履行了恢复性生产目标的承诺，全线的灾后复产工作全面铺开，迅速掀起了2015年旱季大干的高潮。

01/02 台风"彩虹"过后云湛项目化湛段现场

03 ——
04
05

03/04/05 台风"彩虹"过后云湛项目化湛段重建现场

37 金册档案　花开暗处也芬芳

在项目施工建设过程中，珠海连接线高度重视项目档案管理工作，建立和落实了项目档案管理各项工作要求，在项目通车后一年内完成全部档案组卷，分别于2019年1月17日和2019年2月28日通过省交通运输厅和省档案局组织的项目档案专项验收，获评"优秀"等级，并达到"广东省重大建设项目档案金册奖"申报条件。珠海连接线项目成为省交通集团2019年首个档案验收项目，同时也是省南粤交通公司首个以"优秀"等级达到"广东省重大建设项目档案金册奖"标准的建设项目。

01/02/03　阅览区、办公区、库房三分开

04
———
05

04/05　档案上架整齐摆放

38 细分台账留影像　隐蔽工程严管控

为加强对路基基底处理、填挖交界、高填高陡、涵洞基底处理、施工缝防水等质量通病高发点和监控薄弱点管控，新博管理处制定了涵盖进度、质量、变更、安全等14个管理台账，通过明确监管责任，形成业主代表和质量、安全责任人联动工作机制，实现横向到边、纵向到底的全员、全过程精细化管理。

以路基施工为例，针对路基基底处理、台阶修筑、土工格栅铺设、冲击碾压或液压补强等隐蔽工程核心质量，将各段路基台账整理装订成册，总监办及管理处业主代表验收合格后现场签字确认，并留存影像资料，确保落实到位。例如，路基台阶修筑必须经过施工员、监理员、业主代表现场确认后，才能进行路基填筑，将隐蔽工程管控真正落地。

01
02

01/02　高填高陡路基施工监管台账

03	04
05	
	06

03/04　路基施工监管台账
05　　　台阶开挖
06　　　土工格栅铺设

39 科技创新打造桥梁施工的"安全锁"

仁博项目仁新段灯盏石大桥墩身高度在50m以上,最高的有72m,达24层楼高,站在高墩上,俯瞰脚下,山涧沟壑,怪石嶙峋,稍有不慎即有坠落风险。

高墩施工过程的安全生产管理,历来是工程管理的控制难点。仁博项目仁新段弘扬创新驱动发展理念,开展安全生产科技创新,大力推广新工艺和新设备,切实为施工上了一道"安全锁"。

仁博项目仁新段采用新型盘扣式安全爬梯。该爬梯具有安装简单、方便搭设的优点,只需要一把锤子就能将不同构件快速轻松地组装起来,并且可以在地面上组装好后整体吊装,大大提高了装拆效率,与墩身预埋件采用扣件进行连接,保证了架子整体的稳定性,保证了高墩施工安全。

"工地使用安全爬梯,体现了项目部对我们的关怀。安全爬梯安拆方便、作用大,是登高作业的安全通道,有了它,我们不用搭乘吊篮冒险上下了,心里特别踏实。"仁博项目仁新段TJ13标灯盏石大桥桥梁2队工班长韩顺军说。

01 盘扣式安全爬梯

无独有偶，云湛项目阳化段率先在40m以上大跨径桥梁中采用架桥机监测系统，为监控和管理架桥机提供一种专业可靠的预警方法。龙怀项目龙连段指导研制的防撞栏液压系统施工台车等均是安全生产方面的科技实践与创新。

02	04
03	05

02　桥梁防撞栏采用液压系统施工台车
03　架桥机安全监控系统，风速仪实现风速达到6级自动报警
04　架桥机安全监控系统，主控屏实现数据信息查询
05　架桥机安全监控系统，倾斜度传感器实现倾斜角度超过±5°时自动报警

101

40 南粤style 创建"平安工地"的科技范儿

省南粤交通公司各在建项目以"平安工地"建设为载体,引入风险源管控App、VR安全体验馆、无人机等信息化手段,掀起一股安全管理的科技范儿。

风险源管控App系统利用数据库、互联网、GIS和软件工程技术将在建工程所有风险点、危险源及其相关信息按工程标段、风险类别、风险等级进行分类管理,通过移动端实现对风险点的实时监测与动态管理。

VR安全体验馆模拟安全事故,让工人身临其境地感受紧急情况发生的瞬间,安全道千遍不如身临其境体验一把。

监控系统传输施工现场视频不仅可以让业主及监理单位实时看到现场施工情况,也有助于现场施工安全隐患的排除和现场物资的安全管理。

发挥无人机安全巡查优势,利用无人机快速量测、反馈工程周边与高压线架空线路的安全距离;在桥梁墩柱施工中,对墩柱、盖梁、支座垫石施工过程和质量进行检查;在路基高边坡施工中,对存在地质灾害的风险点、路基边坡稳定性以及取、弃土场等进行实时监控。

01 高速公路风险源管控系统

02 视频监控
03 无人机辅助高边坡检查
04 无人机安全巡查安全生产标杆
05 无人机检查墩柱施工
06 VR安全体验馆

41 潭水服务区"北水南调"

高速公路服务区具有生产污水量大、污水成分复杂的特点。云湛项目新阳段潭水服务区采用规格为12.5t/h的污水处理设备，将污水改造为"中水"进行循环使用。其中，北场区周边地势低洼，雨水、多余的"中水"沿路基排水系统排出后，沟渠沿途经村庄约1km，沿途村庄多，汛期易与地方生活生产用水发生交叉污染。

为尽可能减少对当地环境的影响，项目设计单位多次对沿途排放路径进行调整，但效果并不理想。新阳管理处工程技术人员提出"北水南调"的思路，在管道排放口边分别建设一座雨水收集池和"中水"收集池，通过设置提升泵连接PE（聚乙烯）排水管，将雨水、多余的"中水"输送至南场区附近的自然沟渠集中排放，有效解决了北场区周边村庄生活生产用水污染问题，给高速公路服务区类似污水处理问题提供了一个新的思路。

01　潭水服务区

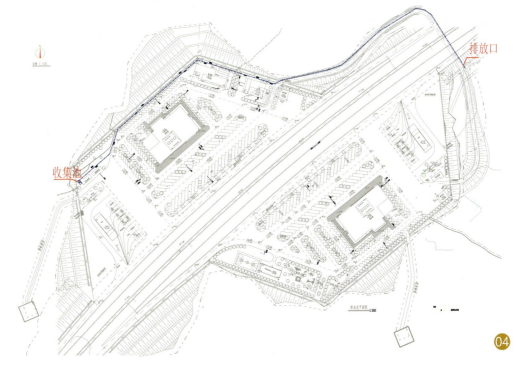

02	03
04	

02 雨水、"中水"收集池
03 新建PE排放管道
04 雨水、"中水"输送线路

42 跨界合作！"最美扶贫路"出实招

被誉为广东"最美扶贫路"的龙连高速公路，全长127km，起点位于河源市龙川县，终点位于韶关市翁源县，串联起沿线广东省3个重点扶贫县中的130个贫困村。2017年底建成通车后，大力开展"龙连高速+"活动，与沿线15个单位、企业、商家签约，助推沿线经济发展。

以龙连高速公路为走廊，合作内容涉及文化旅游景区、酒店餐饮、加油服务、农业实体、媒体等。通过"龙连高速+"发展新模式，打造龙连高速+旅游、+货运、+油企、+农产品、+服务、+传媒等系列活动，持续为广大群众提供优质服务，推动沿线地区的扶贫攻坚、乡村振兴和旅游经济发展，助力脱贫攻坚战告捷。

01	03
02	04

01　"龙连高速+"签约启动仪式
02/03/04　龙连高速+服务

Chapter 02
第二章

南粤工匠

导语

　　锻铁成钢，琢玉成器，考验的是匠人的心与技，匠心与技艺的融合秉持的是对精益求精的执着，实现的是精雕细琢的品质。工匠精琢品质，品质彰显匠心。

　　六年来，南粤交通人上下一心，连同所有参建单位一道致力于"南粤品质工程"的创建。从建设到营运，从设计到施工，从科研到技术，从管理到服务，他们精益求精、一丝不苟，他们世上锤炼、攻坚克难，他们兢兢业业、刻苦钻研，他们持之以恒，蓄势而发……他们绘就了广东交通建设中的一道道亮丽风景线。

　　架桥破屏障网联山外锦绣前程，穿隧剪崎岖铺就南粤品质大道。南粤交通工匠坚守品质初心，依天工而开物，法自然而创新。本章收录了少量参与南粤工程建设的工匠及团队代表，他们是全体南粤交通建设者的缩影。图册以他们的事迹为引，展示的既是作品，也是南粤交通工匠不懈追求品质的精神理念，更是一份"南粤品质工程"奋斗史的见证与记忆。他们每一位都是精雕细琢的工匠，是迈步的前驱、铺路的石子、劈山开隧的斧凿、跨越河川的桥梁。他们造就了南粤工程，更铸就了南粤品质！

一、个人部分

1 职雨风
不惧风雨　大道为公

他负重前行，带领企业走出资金困境；他勇攀高峰，实现高速公路建设量与质的双重飞跃；他胸怀大爱，不断为贫困百姓和公司员工带来希望。他就是广东省南粤交通投资建设有限公司（简称省南粤交通公司）党委书记、董事长职雨风。

公司成立6年来，职雨风带领省南粤交通公司团队，投资、建设、管理高速公路总里程约2000km，覆盖广东省19个地级市。省南粤交通公司成立伊始，职雨风劳累奔波，不足一年半时间，他上百次与各大银行谈判，筹融资金约1000亿元，完成了约1200km高速公路的筹建任务。

2016年8月，省南粤交通公司率先在广东省启动"南粤品质工程"创建活动，积极推进以设计理念、现场管理、路域景观、服务能力等为重点的全过程提升工作，交出了一份份漂亮的答卷。

职雨风胸怀大爱，积极践行"大道为公"理念，时刻牵挂贫困地区百姓出行。龙（川）怀（集）高速公路途经粤北4市8县，其中有7个贫困县。建设过程中，职雨风深入项目考察调研，协调各方，帮助沿线村庄解决实际问题，改善当地交通条件。

| 01 | 02 |

01　职雨风（前左一）在龙（川）连（平）高速公路工地
02　职雨风在"广东省青年文明号"江肇高速公路大沙收费站检查工作

从小到大、从大到强，粤东西北地区高速公路密度从公司成立之初的1.79km/100km^2，增加至目前的3.86km/100km^2；公司总资产也从成立时的10亿元增长至2000多亿元，实现了跨越式发展。

"品质先行，我的初衷和使命就是带领企业高质量建设、经营好政府还贷高速公路，拉动粤东西北地区经济融入珠三角。"职雨风的话语里，蕴含的是"大道为公"的信念。

03　职雨风在"全国优秀服务区"江肇高速公路鼎湖服务区手机充电站体验实时充电
04　职雨风在"最美中国高速路"韶赣高速公路慰问一线员工
05　职雨风在公司党委中心组学习会上
06　职雨风在世界断面最大的双层公路隧道——港珠澳大桥珠海连接线拱北隧道回答媒体记者提问

② 尹良龙
擘画宏图　决胜千里

毕业于同济大学道路工程专业、博士研究生学历的尹良龙，长期从事区域交通规划、工程咨询、科研及建设管理工作，并有"交通运输青年科技英才"等多项省部级荣誉加身。2016年4月就任省南粤交通公司总经理时，如何树立好公司品牌形象，推动发展行稳致远，是他亟须思考的问题。

上任伊始，尹良龙便马不停蹄地深入项目一线调研，踏遍了公司所建所营的每一条高速公路，与一线员工深入交流，与各级领导、行业专家充分对接，以其在行业内沉浸多年的工程管理经验，积极寻求公司未来可持续发展的着力点。

在交通路网加快成型、转型升级的关键时期，打造一批内在质量和外在品位有机统一的"品质工程"，对提升政府还贷高速公路服务能力、树立良好社会形象至关重要，公司必须升级理念，提高全局站位。

基于对十八大以来行业建设管理形势的综合分析，在他的倾力推动下，"南粤品质工程"的脉络逐步清晰。2016年8月，创建活动方案、工作计划、考评细则逐一出台，"弘扬现代工匠精神，打造南粤品质工程"的号角在司属各项目全面吹响。

2017年，公司推进"品质工程"常态化管理，通车项目展现了较以往不一般的项目通车景观面貌，赢得了良好的公众口碑。2018年，在"南粤品质工程"四大提升行动的基础

01　｜　02　　01/02　尹良龙进行项目检查

上，公司部署推进"路面耐久工程""伸缩缝平顺工程""路面标线光亮工程""路域景观提升工程"四大工程。新通车项目再次成功打造了政府还贷高速公路"内优外美"的品牌形象，整体上给公众带来更加舒适的行车体验：驾乘感觉行驶更平顺、标线反光更明亮、道路沿线更靓丽。

　　作为"南粤品质工程"总设计师，秉承着交通人务实担当、守正实干的特质，尹良龙对"南粤品质工程"的创建始终保持着一种追求极致的工作状态。2019年，依托清云、河惠莞等建设项目以及汕昆、武深、云湛等营运项目，尹良龙带领团队努力向业内展现"南粤品质工程"又一升级版，在高质量发展的大道上稳健疾行。

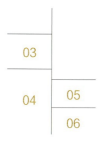

03　　　　尹良龙进行项目检查
04/05/06　尹良龙进行项目调研

3 孙家伟
筚路前行　求千里品质

孙家伟，省南粤交通公司基建管理部部长。从2016年8月广东省第一份"南粤品质工程"创建方案到"1+X"质量监管服务模式的实践，从早于2018年"3·15"晚会曝光前3个月拟定的"路面标线光亮工程"管理要点，到正尝试建立的公路业内全新的质量管理强度风向指标QMI，他敏于当下问题，实于求解意识，注重全局性思考，躬身入"南粤品质工程"创建之局，致知于现场一线管理之难。他参与了1000多km的高速公路在青山绿水间的品质延伸，见证了省南粤交通公司从无到有、从有到强的品牌成长。

2013年，省南粤交通公司初创。他牵头在广泛调研的基础上，大幅修改完善了基建相关的制度，质量管理的基础框架成型。

2014年，省南粤交通公司平行推进1200km新建项目设计。他提出了"地调专项验收"的建议并在全公司项目推行，严肃设计单位信用评价考核，对扎好品质工程的龙头起到了推动作用。

2015年，公司各项目陆续开工。他提出并组织完成了《项目业主进场管理工作指南》，走稳了品质工程实施管理的第一步。

01 "南粤品质工程"创建活动启动大会现场

2016年，他牵头完成了广东省第一份覆盖面广、引导性好、实操性强的《品质工程创建方案》，早于交通运输部规定5个月。

2018年，他提出并组织部门完成了路面耐久工程、伸缩缝平顺工程、标线光亮工程管理要点，与既有的景观工程形成品质工程年度推进的"四大工程"，当年即取得了预期的提升效果。

2019年，他将继续以空杯心态，细小做起积跬步，筚路前行，以求千里品质。

02　检查VR安全体验馆
03　检查施工现场
04　金门隧道贯通现场"送清凉"
05　现场探讨路面质量

4 【珠海连接线】王啟铜
责任重于泰山

拱北隧道是王啟铜职业生涯的一次全新挑战。用他的话说："从事工程这一行，如果一辈子没遇到过几个有挑战性的项目，回首往事时难免会感到遗憾！"2009年5月，王啟铜担任港珠澳大桥珠海连接线管理中心主任。从2009年筹建到2018年通车，这一干就是整整10年，回首走过的每一步都充满艰辛。

作为项目控制性工程，拱北隧道建设可谓"步步惊心"。尽管王啟铜在上任之前已有充分的心理准备，但建设过程中遇到的困难还是远远超乎想象。拱北隧道全长2.7km，由海中隧道和城市地下隧道组成，其中255m城市地下隧道为大断面曲线双层浅埋暗挖隧道，该结构形式是目前国内外高速公路断面最大的双层隧道（隧道轮廓面积达412m^2，开挖面积336.8m^2），建设难度极大。

超大断面、超浅埋深、地层软弱，加之濒临拱北湾海域，地下1.48m就富含地下水，坍塌、涌水危险性极高。拱北隧道建设5年期间，大大小小的涌水发生了近二十余次。回忆起2013年11月3日那次工作井涌水事件，王啟铜至今仍心有余悸。受海水潮汐影响，地下水涌入施工工作井，短短几个小时，地表持续沉降，口岸上方建筑墙面已出现开裂迹

01　地连墙接缝漏水

象，情况十分危急。作为项目负责人，王启铜十分清楚拱北隧道持续涌水带来的灾难性后果，为此，他在听取多方专家意见，综合研判现场形势后，当机立断，最终决定采用海水回灌平衡水压并同步注浆堵漏等措施，成功处置了这次大规模涌水危机。

"回顾建设过程3000多个日日夜夜，很艰辛，但很有成就感。"王启铜说，"与一群志同道合的人，一起奔跑在理想的路上，回头有一路的故事，低头有坚定的脚步，抬头有清晰的远方！"奉献的10年，他把自己满腔热血倾注在珠海连接线项目建设上，向粤港澳三地民众交上了一份满意的答卷，为粤港澳大湾区建设发展贡献了自己的力量。

02　齐心抢险
03　顶管口涌水
04　王启铜工作照
05　讨论建设方案
06　现场指挥抢险

5 【仁新】黄少雄
咫尺匠心　诠释极致追求

仁新高速公路仁化（湘粤界）至韶赣高速公路段通车在即，黄少雄仍然保持着"一有时间就去路上看看"的习惯。路侧护栏都装好了没有？道路标线施划情况如何？隧道照明工程是否妥当？……一件件，一桩桩，都牵动着这位仁新项目管理处主任的心。

"越是到快通车的时候越不能松懈，现在路面已具备通车条件，但还有一些收尾工程在做，工程车也不少，有的社会车辆冒险上路，容易发生危险。"黄少雄说。作为业主，工程不交付，压力不减轻。

3年多来，黄少雄带领仁新团队立足打造"南粤品质工程"，通过践行"严格管理、主动服务、高效执行"的工作作风，于全过程求实效，在小微处见精细，有力保证了各参建单位之间精诚合作，调动了每一位参建人员的积极性和创造性，保障了工程全线顺利推进，为部分路段提前通车目标的实现奠定了坚实基础，践行了向老百姓许下的建设"平安、耐久、绿色"仁新高速公路的庄严承诺。

01　黄少雄工作照
02　现场检查

仁新高速公路通车前，黄少雄感慨道："3年3个月的时间，不长；坚持3年3个月严格要求，不易。这些年下来，我们没有做出惊天动地的大事，但坚持做好每件小事，从严要求，从细微起步，逐渐做稳做实大任务。"项目管理成效显著，先后荣获广东省公路水运工程"平安工地"示范项目、广东省"绿色公路"示范项目、全国交通基础设施重点工程劳动竞赛优胜单位等荣誉称号。黄少雄以身体力行诠释了极致匠心。

03　　现场检查
04/05　项目情况汇报

6 【阳化】张连成
严字当头　用匠心筑牢品质基石

"对品质工程的不懈追求，使得我们下定决心以最细致的标准去坚守质量底线，把控每一个环节。"云湛项目阳化段主任张连成是这样说，也是这样做的。

从事高速公路项目建设20年，张连成始终将品质放在第一位。在汕（头）湛（江）高速公路云浮至湛江段及支线工程阳化段开工之初，他便成立了工程质量管理小组，探索出了一套以"三定三重"（定标准、定工艺、定控制要点，重奖励、重罚违规行为和现象、不达标推倒重来）为核心的质量管理办法，实施"优质优价、优监优酬"，坚持不达标现象"零容忍"。

在一次质量检查中，张连成发现一片已经预制好的梁片表皮有一块脱落，其中有一些白色粉末状物质，进一步核查发现，同批生产的十几片梁都有类似现象。虽然经过检测，质量并没有问题，但这不确定性的隐患坚决不能留。于是，张连成下决心、下狠心全部砸掉重新做。

01　张连成工作照
02　春节慰问一线员工

"张连成对工程的要求非常高,如果施工单位做得不到位、标准不够,他必定是要求推倒重来的。"副主任李立新回忆道。对于砸掉的工程,施工单位和个别的管理人员都觉得甚是惋惜,可后来,当工程的品质亮出来时,大家都大呼"值了"!

正是这份坚守,阳化项目诠释了品质与速度的合理"配比",仅用26个月的时间便完成了134.83km的通车任务,支线提前1年通车。项目建设"零死亡、零重伤、零责任事故、零违纪、零收尾",工程质量获得主管部门的广泛好评。

03　管理处植树中的一景
04　"五一"劳动奖章颁奖
05　夏日"送清凉"
06　向上级单位领导介绍项目进展

7 【连英】李斌
推行"互联网+"　为品质工程注入新动力

龙怀高速公路是广东省一次性立项里程最长、投资最大的山区高速公路，项目主任李斌亲切地称其为"孩子"。这个"孩子"创造了两项第一：广东省山区高速公路建成最长隧道——金门隧道；全国首例高速公路上跨350km/h高速铁路转体桥——英红特大桥。

从事高速公路行业已20多年的李斌，有着一股敢闯敢拼的劲儿。面对龙怀项目连英段149km的建设里程，以及粤北山区地形地势复杂、环保要求高、工期紧张等现实条件，李斌力推"互联网+智慧建造"，以创新的工艺与技术匠造项目。

01 广东省"五一"劳动奖状颁奖现场
02 劳动竞赛动员会
03 陪同检查英红特大桥现场

04 现场检查
05 现场设计
06 向上级单位领导介绍项目进展

在项目品质管理中，李斌开发、引进了质量安全分析系统、质量安全隐患排查App、劳务工考勤系统、BIM（建筑信息模型）信息等数据平台，对接"智慧管理"监管中心，推行管理智慧化。同时大力推广应用"四新技术"，开展"微创新"活动，淘汰落后工艺工法和设施设备，提升施工效率；并结合"劳动技能"比赛、"微课堂"等，将劳务工培育成"新型产业工人"。通过实施"智慧管理"，推动项目实现"智慧建造"，开创高速公路品质工程建设新示范。在2017年中国（小谷围）"互联网+交通运输"创新创业大赛中，连英项目荣获全国三等奖。

8 【新博】尹亚明
以创新解码工匠精神

精于工，匠于心，品于行。在尹亚明看来，工匠精神并不是工匠的达人精神，更多的是创新精神。作为仁博项目新博段交通工程专业负责人，尹亚明大胆地在标志标线、机电系统、交安设施等领域进行技术创新。

2018年10月11日，仁博项目新博段雨夜标线机械化施工试验段在九连山路段拉开帷幕，这是广东省高速公路首例采用雨夜标线的项目。"道路标线是行车安全的生命线，我们要切实提高标线施工质量，保障行车安全。"尹亚明在现场说道。从涂料中有机物（树脂、PE腊、增塑剂等）总体含量，到玻璃珠成圆率、撒布量等各项材料的技术指标，他带领交通工程团队反复研究。雨夜标线的顺利施工，有效解决了雨夜天气下标线"不反光"、逆反射系数指标较低及衰减较快的问题。

01　尹亚明在监控大厅
02　尹亚明工作照

智慧交通，创新无止境。尹亚明运用互联网、云计算、空间感知等信息化技术，在新博项目推广运用"智能一体化机柜""智慧型收费亭""路面安全智能引导照明""隧道防眩光照明""隧道洞顶景观照明"等新技术，全方位提升项目交通工程品质。他构建实施"智慧高速一体化监控平台"，大幅提高机电系统对道路沿线的实时监测、全面布局、整体协调能力，有效确保了广大驾乘人员在新博高速公路"走得便捷、走得舒适、走得智慧"。

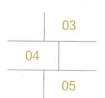

03/04/05 现场检查

9 【英怀】吴善根（中交一院）
精心勘设　服务第一

"精心勘设、服务第一"的勘察设计服务理念，在吴善根承担的省南粤交通公司项目上得到了充分体现。

吴善根是中交第一公路勘察设计研究院总体、立交专业副总工程师。2014年以来，中交第一公路勘察设计研究院承担了广东省龙川至怀集高速公路英德至怀集段的勘察设计项目，项目所处区域地质复杂，地形、地质、人文等环境都差异较大，设计难以复制。

"每个项目都千差万别，为了做好项目的总体设计，需要对基础资料、对项目的现场十分熟悉。"吴善根说。为此，他踏遍了项目每个区域，翻山越岭只为追求设计和现场的完美结合。作为项目路线总体负责人，他说："我们设计应该穷尽所想，研究每一个可行的方案，选出最好、最优的方案，为项目负责，为百姓负责。"只有时时刻刻考虑设计品质至上，才能做到问心无愧。

01　吴善根工作照
02　现场设计

在后续配合施工过程中，吴善根经常说："应该急项目之所急，做好全程服务工作，不要怕修改烦琐，因为设计的适当修改能换来施工的重大简化和造价降低，更能体现一个设计人员的水平和重要性。"设计是龙头，是个良心活，只有用心才能把设计做好，才能无愧于这个行业。"特别能吃苦、特别能战斗、特别能奉献、特别能创新"，吴善根一直努力践行中交一公院优良的传统。

03　现场设计
04　现场设计偶遇"世外桃源"

10 【仁新】原剑丰（广东华路）
精细化监理　细微处见真章

何谓"工匠精神"？在监理工程师原剑丰看来，工匠就代表做工的人，他只有钻到这里头去了，精益求精地做一件事，才能做到极致。很多人认为，高速公路工程质量管理"不可能做到精细化施工"，但原剑丰却执着地认为"天下大事，必作于细"。不管施工工序多烦琐、过程多复杂，只要专注坚持，将每一道环节把得严、踩得实，就能将庞大的工程品质管理做精做细。

在仁博项目仁新段，原剑丰带领J2监理团队会同施工人员细致研究施工工艺，制定配套技术措施并严格监督将其落实到每道工序中去。严格执行"事前指导、事中监督、事后检查"的监理程序，努力控制好每一个混凝土构造物的强度、保护层厚度、钢筋间距，执着追求完美，尽力把细节做到更好、把技术做成艺术、把习惯做成规范……

01　原剑丰在钢筋加工厂进行现场检查
02　仁博项目仁新段J2总监办驻地

对"工匠精神"的坚守与执着，使得原剑丰带领的监理团队负责的所有桥涵、隧道混凝土强度合格率达100%，所有混凝土构造物保护层厚度合格率在90%以上，钢筋间距合格率均在95%以上。在广东省交通质量监督站组织的2016年、2017年全省高速公路质量综合大检查中，仁新项目J2总监办取得了全省第二名、第一名的优异成绩。

身处工地一线，"工匠精神"已成为原剑丰带领团队开展监理工作的执着信仰。

03　原剑丰现场检测构件长度
04　业主与监理单位联合开展季度检查
05　原剑丰工作照

11 【新博】张国庭（广东交科）
专注精准检测的匠人

2016年10月2日19时，仁博项目新博段一段路基填筑施工点正在紧张施工，得赶在10月3日暴雨来临前完成预定填筑高度。项目部提出要在22时连夜开展检测的预报检，而检测中心全体人员已在现场检测了一天，筋疲力尽。有监理说："不管他，明天再去。"也有项目部质检人员提出："让监理和我们自己检测就行啦，你们下次再检吧。"但是，检测主任张国庭却摇头："不行，只要工地有需要，大家都坚持一下。"当晚，他在现场从22时一直检测到次日凌晨1时。

在仁博项目新博段4年建设期中，张国庭以认真严谨的工作作风、扎实精湛的技术水平，带领团队坚持质量控制环节前移，做到事前提醒检查、事中监控检测、事后总结建议。

01 张国庭进行安全工作宣传

在他的带领下，JS4检测中心在广东省高速公路质量安全大检查中，2017年、2018年连续2年均取得检测单位第一名的成绩，其个人也连续4年被评为优秀检测中心主任。

平凡的岗位，精准的检测，张国庭一干就是19年。在他专注敬业、认真严谨的工作作风影响及经验传授下，检测团队中2名项目负责人和9名业务骨干快速成长。他们和千千万万名公路工程建设者奔赴在工地现场，在广袤大地上绘制出一条条幸福、平安、腾飞的大道。

02　检测二衬强度
03　检查地材质量
04　张国庭工作照

12 【阳化】阳任红（贵州公路）
小工匠的大技能

在云湛项目阳化段TJ15合同段建设现场，一名机械维修工顶着烈日正在一丝不苟地检查线路。如果不是熟悉项目部的人，很难将这名普通的工人和全国五一劳动奖章获得者、全国交通系统劳动模范、三项国家专利发明者联想在一起。他叫阳任红，是贵州公路集团云湛项目阳化段TJ15标的机械维修工，他立足岗位，通过小革新解决了许多大问题，为企业带来巨大的效益。在他的身上，"工匠精神"得到充分体现。

阳任红是贵州惠水县人，苗族。46岁的他已经在交通建设一线奋战了25年。工作中，他修理过无数机械，当别人进入梦乡时，他不是在草稿纸上写写画画，就是在工作间里锤锤打打，还经常为一个失败的小试验而冥思苦想到天明……凭着这种精雕细琢、精益求精、追求完美的"工匠精神"，阳任红获得多项发明专利，比如在云湛项目使用的"混凝土拌和机搅拌仓内作业安全隐患的防备装置"及"龙门吊光学防撞装置"，这两项技术能保障搅拌仓内有人作业时，混凝土拌和机绝对无法启动，以及龙门吊门式起重机轨道上有人时能自动切断电源，确保工人的生命安全。

01	
02	03

01　全国五一劳动模范授奖
02/03　阳任红工作照

这些"发明"提高了工作效率,节约了工程成本,更重要的是保证了操作人员的安全,而安全带来的效益是无法估算的。

04 阳任红劳模创新工作室
05 阳任红在工作室中
06 阳任红在施工现场

13 【龙连】郑建广（中铁十四局）
爱岗敬业　铁人涌现

"作为施工单位能够评选为'感动南粤交通工匠'，当时真是感到意外，心情挺激动的。"龙怀项目龙连段TJ9合同段项目经理郑建广说。

2017年"感动南粤交通工匠"评选并没有局限于省南粤交通公司系统之内，项目建设的所有人都有资格参与评选，没有身份的差别，只看重"身怀绝技"的匠人。

"这个标段执行力相当强，效率最高。"这是龙怀高速公路龙连管理处对TJ9合同段项目经理部一致的评价。TJ9标合同段项目线路长13.85km，总工期17个月，工期紧、任务重成了郑建广来到龙怀项目龙连段后面临的迫切难题。

为实现快速有序、优质高效的项目建设目标，项目进场初期，郑建广就积极组织人员对标广东省"双标"管理（标准化管理、标杆管理）要求，将"追求行业一流，满足业主期望，建造南粤品质工程"作为质量方针，确保工程施工高起点、高标准、高质量。

风雨十五载，作为党员的郑建广充分发挥先锋模范作用，坚守在施工一线，为建筑事业奉献自己的青春和智慧。同时，作为劳动者的他也用实绩诠释了"干一岗，爱一岗，精一岗"的深刻内涵。合理的管理，高效的执行，作为标段的负责人，这位山东大汉让龙连项目管理处连连称赞。

01　郑建广在工地

2016年，龙连管理处组织了3次劳动竞赛，激励各标段保质保量且有速度地完成施工任务。郑建广通过缩减管理链条、优化管理效率、合理配备资源等方式，为大干提供了组织保证。最终，龙怀9标项目部将3次劳动竞赛的一等奖收入囊中。

02 获奖现场
03 郑建广在现场指导施工
04 郑建广在会上发言

14 【仁新】裴树林（中铁十二局）
一片匠心付青山

青云山隧道是广东省2017年在建的最长双向6车道公路隧道。在裴树林看来，业主交给中铁十二局来干，就一定要干出个样子，不能满足于顺利完工就行了，要时时处处争先创优，要全力以赴打造亮点工程、精品工程，要让广东人民认可中铁十二局的成绩。因此，在负责仁新高速公路TJ14合同段工程的2年里，裴树林牵头编写的《小断面隧道单支架养护用喷淋台车》和《隧道混凝土养护喷雾台车》两项成果，获得了国家专利授权。

裴树林是个管理者，更是个劳动者。工程过程中遇到难题，施工作业不能正常开展，他会带领技术骨干，挑灯夜战，攻克技术难关，同事说他是队伍里的"定海针"。他办公室的灯经常半夜还亮着，那是他在看图纸写资料忘记了时间。有时候突发灵感，他就直接在工作群里部署一下，同事早上醒来发现那些消息都是他在凌晨发出来的。

20多年前，裴树林和新入职的大学生一样，舍弃了城市安逸的生活，从一名普普通通的技术员逐渐成长为现在的项目经理。常年在山里扎着，成了人们口中的"搬山巨匠"。长年累月的深山工作和生活，并没有消弭他心中的斗志，"铸精品、创辉煌，不断创新、不断进步"是他心中坚定的信念。"世上最怕的是认真二字，更何况是认真追求卓越，这就是我所理解的工匠精神。"裴树林说道。

01 裴树林工作照

02　裴树林工作照
03　裴树林在隧道施工现场
04　裴树林在通车仪式上发言
05　裴树林在现场指导隧道施工

15 【江肇】李燕珊
红棉之星　闪闪发光

31次获得"红棉之星",她拿奖简直拿到手软;为了看见她的笑脸,驾驶员们宁可上班绕远。把平凡的事情做好,就是不平凡,把简单的事情做好,就是不简单。南粤大地,繁花争艳,最美莫过,一树红棉。

她是李燕珊,一个出生于1994年的小姑娘。2014年5月,李燕珊应聘进入江肇高速公路任收费员。从一开始她就狂热地追求"工匠精神"。自入职第一天起,每一场业务培训、每一次班组讨论会、每一份上级印发的文件精神,李燕珊都坚持认真反复学习。这个阶段的学习为她的工作打下了良好的基础,她很快就能对高速公路有关法律法规、各项收费业务操作流程、窗口服务技能、现场突发事件处置等信手拈来、熟练运用。

入职3个月,江肇高速公路就开展了"红棉之星"评选活动。还是新人的李燕珊始终在岗亭中"来有迎声、问有答声、走有送声",以真诚的微笑迎接过往的驾乘人员,专注于每一项服务标准动作,坚持用耐心化解僵局。功夫不负有心人,李燕珊创下了连续29个月获得"红棉之星"称号的纪录,累计31次成为"红棉之星"中的标兵,被选任为江肇高速公路管理中心"红棉"培训队培训讲师,成为省南粤交通公司"红棉"培训明星。

李燕珊深知,个人的成就和荣誉离不开领导和同事们的关心帮助,也只代表过去。路还很长,工作还是平凡且简单,但她的前方已注定不平凡也不简单。

01　爱学习的90后李燕珊

02 服务旅客
03 敬礼
04 生活中的李燕珊
05 指导新人

16 【韶赣】刘美秀
收费过亿无差错　如花笑靥迎驾乘

"收费过亿无差错，平凡岗位不平凡。如花笑靥迎驾乘，要留美秀在韶赣。"

刘美秀，1987年4月出生于广东省南雄市的一个普通家庭，高中学历。经过考试、军事训练、业务学习，2011年1月，她正式成为一名高速公路收费工作人员。

8年来，刘美秀苦练收费业务，精湛的业务技能使她获得连续亿元收费无差错能手称号；她坚持"红棉"服务，面对个别驾乘人员的百般刁难、蛮横态度，甚至污言秽语与辱骂，她都能细心解答、耐心说服，做到"有理、有据、有节"地处理，用微笑与真诚化解了一个又一个的尴尬与矛盾；她坚守原则，面对绿通车辆装载容积不达标欲免费通行的状况，无论驾驶员如何诱惑都始终不为所动，坚持按规定收取了逃漏的通行费；她乐于助人，看到过往驾乘人员有困难时，二话不说上前搭把手，获得许多驾乘人员的点赞。

刘美秀先后获得广东省交通运输系统优秀女职工、广东省公路管理局系统优秀女职工、南粤建功立业女能手、中国最美路姐等称号，无数的荣誉加身，并没有让这位"收费状元"顾盼自雄。

01　岗前仪表整理

刘美秀不骄不躁,扎实工作,勤于学习,不断刷新南粤高速公路收费纪录。此外,她也不忘帮助同事,和同事分享她的工作经验,带领大家一起用良好的业绩、优质的服务,诠释新时代南粤交通人的职业素养,彰显南粤交通人立足本职、服务社会的精神内涵。

02/03/04 岗位中的刘美秀

17 【阳化】冯清妍
坚守颗粒归仓的稽查女队长

她身形娇小,却常常"混迹"于一群高大的交警与路政员中间,研究、协商打逃路线;她偏爱美丽,却常常为了打逃,查看比对图片数据,通宵达旦地熬夜;她长相清丽,在面对恶意逃费的车主时却毫无惧意……她是冯清妍,一位进入高速公路营运行业已16年的80后,现任阳化高速公路稽查队队长。

打逃工作没有捷径,冯清妍拼的是工匠般的韧劲与精细,带领"零基础"的稽查队员摸索出了一套"大数据打逃法"。阳化高速公路通车一年来,她带领队员开展了临界车型、超时车、冲卡车、假冒粤O号牌车等专项整治行动。在行动中,常常需要超乎常态的坚韧意志。

特别是在2019年1月假冒粤O号牌专项整治行动中,她在为期2个月的线索排查阶段,每天排查上万张高卡图片、500多张出入口对比图,从联

01　冯清妍生活照
02　查验绿通现场
03　后台稽查

网收费路径示意图里100多条蜘蛛网状的高速公路路线中"模拟"出车辆可能行走路线。行动当天，她连续28个小时不眠不休地对其进行"GPS"定位跟踪，当嫌疑车辆进入阳化高速公路路段后，第一时间联动路警出击并将其成功抓捕。该专项行动被媒体报道，被列为可供行业参考的打击案例。

阳化高速公路通车一年多以来，冯清妍带领队员打击逃费车2068次，共追缴通行费36.55万元，位居粤西前茅。辖区内冲卡率约下降80%，有效地维护了国有资产颗粒归仓。

04　冯清妍在收费站现场进行检查指导
05　与交警召开打逃行动会议
06　抓获逃费车辆

二、团队部分

1 省南粤交通公司专业技术小组
集聚专业优势，发挥辐射效应

面对近2000km高速公路建设、营运任务，在结构性缺员的情况下，省南粤交通公司从2015年起陆续组建了路面、岩土、结构、交通工程4个专业的技术小组，统筹公司优势专业技术力量，打造一批专家智囊团。4个专业技术小组一肩挑起建设参谋重担，在公司统筹统一领导下合力解决项目同类技术问题，服务公司全局技术管理；一手托起新人培育大计，通过开展形式多样的技术交流活动，让年轻的专业技术人员迅速成长成才。

（1）路面专业技术小组

该小组以技术培训与咨询、重大方案审查以及重要现场问题处理等方式开展工作，依托司属建设项目庞大的技术问题样本，实行定期会议、适时研讨、提交技术管理建议、组织培训与讲座等制度，并加强规范和前沿技术的学习，不断探索凝聚集体智慧、服务项目推进的技术决策机制。

（2）岩土专业技术小组

该小组共举办5次专题研讨暨培训会，多次参与司属各项目的施工图内审会，下发《岩土专业技术管理要点》，并就隧道、高边坡、软基等典型岩土问题处理提供了意见和建议，为公司专业人才培养、技术决策发挥了积极作用。

（3）结构专业技术小组

该小组涉及桥梁结构专业技术背景，依托龙怀项目连英段英红特大桥转体、清云项目西江特大桥建设等，组织召开现场技术交流会。通过不断加强技术学习和技能提升，把握前沿技术并应用到工程建设实践中，共同致力于"品质桥梁建设"。

（4）交通工程专业技术小组

交通工程专业技术小组涉及高速公路机电、房建、交通安全设施、景观工程专业技术背景。当中央电视台"3·15"晚会曝光交安设施标线不反光的时候，交通工程专业技术小组在这方面早已领先一步，如火如荼地开展了路面标线质量提升的专项研究，在标线原材料、施工工艺、施工设备、检测验收等方面进行了一系列细致入微的探索性工作，对逆

142

反射系数指标进行了整体提升。依托通车项目，公司逐步建立起一套适应广东高温高湿、雨雾天气集中的地域环境的高速公路标线管理体系，走在了行业前列。

该小组准确把握信息技术大数据发展步伐，在各项目建立标准化的电信专业级机房环境。云湛项目阳化段在全国交通行业首个采用高速公路超高清智慧指挥平台，在广东省首次推广收费亭"类装配化"方案（整体化设计、工厂化整体式生产、施工整体安装），为一线收费人员营造舒适的工作环境。

2016年以来，该小组聚焦项目建设中后期的统筹管理难点，小组成员凭借丰富的技术管理经验，编制了一系列管理文件在公司项目上推广实施，并快速解决了如龙怀项目英怀段桔子岭隧道群土建工程施工界面制约隧道配电房建设等难点个案，破解了项目建设"瓶颈"。

01　路面专业技术交流会
02　岩土专业技术交流会

03 结构专业技术交流会
04 交通工程专业技术交流会
05 行业专家"请进来"

06

07

06　交流学习"走出去"
07　技术研究下现场

② 仁新管理处工程管理部
"软件"创新，匠心营造

仁博项目仁新段全长163.933km，是省南粤交通公司下属最长的高速公路建设项目。提倡创新精神的仁博项目仁新段，不仅着力提升硬件设施，主观能动性的调动、活动考评的激励、监管手段的完善等一系列"软件"创新更为工程建设穿上了第二层"保护衣"。

工程管理部坚持"重在落实、注重成效"的核心思路，在精细化管理上下功夫：创新实施"1+6+1"质量管理模式，为品质工程注释；创新推行"我是一名工程师"考评活动，弘扬新时代"工匠精神"，深化标杆培育，建立标段部室、管理人员、作业班组的全面考评激励机制；创新质量监管手段，将无人机航拍和管道内窥镜作为日常质量管理薄弱环节的辅助管控手段，有效减少质量监管死角。创新逐渐成为仁博项目仁新段高质量建设的第一动力。

01　仁新管理处工程管理部合照

02 "品质工程"宣贯
03 管道内窥镜检查
04 工程部人员工作场景
05 无人机检查

3 龙连管理处工程管理部
知重负重，勇毅笃行

龙连管理处工程管理部成立于2014年12月，负责龙怀高速公路龙连段的工程技术、进度、安全生产和质量管理。项目工期紧、任务重、难度高，管理内容点多面广，在建设高峰期，工程部人员到位率仅60%！人手缺数但不缺位，工作保证到位！

工程管理部先行担当，主动作为。项目前期，他们全员参与青苗、树木、结构物、房屋和坟墓的清点工作。临建期雨季漫长，施工艰难，他们仍坚持"日巡查""周例会""5+2""白加黑"，奋战在工程建设一线，督促16个土建标均在2个月内完成临建及先行开工点的便道建设。在土建施工期间，3次劳动竞赛均超额完成预定目标。

创新、绿色、安全、高效，他们倡导可持续发展施工理念，践行"质量就是形象"的诺言，辛勤耕耘铺就龙连品质之路。2017年，工程管理部荣获公司"感动南粤交通集体"称号。

01 工程管理部集体照

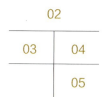

02　　　　工程管理部集体照
03/04/05　　工地检查

4 江肇管理中心机电隧道部
心系驾乘安危，连夜奋战排险

2019年1月23日晚19时26分，一阵急促的电话铃声在江肇高速公路监控中心响起，"毛毡岭隧道往四会方向有风机悬吊着，很危险，你们赶紧派人过来。"监控接报后，立即将情况上报给机电隧道部。部门负责人李德坤迅速组织两组人员，一组负责在监控中心调取事故录像，查找事故原因，另一组则立即赶往事故现场。

到达现场后，风机正悬吊在空中，情况十分危急，机电隧道部迅速联合一同赶来的交警、路政、养护相关人员对事故现场进行围闭，并实行交通管制，同时增调高空作业车、吊车、运输货车、切割工具等抢险物资到达现场。经过6小时的连续奋战，24日凌晨2时许，受损风机被安全拆除并运走，险情及时排除。

经查，事故原因为一辆自卸货车驾驶员误操作使车厢处于举升状态，一进隧道即刮落车道指示器，紧接着刮蹭前方风机，导致风机损坏严重。正值春运期间，路面车流量极大，在各部门的协同作战下，险情及时化解，确保了江肇高速公路的平安畅通。

01　机电隧道部集体照

02 抢险作业
03 受损风机
04 修复完成

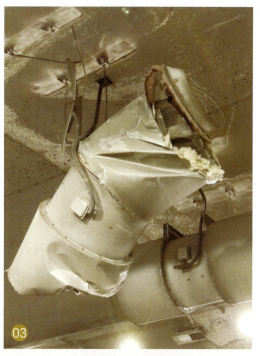

⑤ 仁新高速公路城口主线站收费A班
出省要塞春运忙，90后能挑大梁

仁新高速公路城口主线站，是广东省北上出省的省界站点之一，是通往湖南、湖北的又一重要出省通道，对缓解京港澳高速公路日常及极端天气的车流拥堵发挥着重要作用。

2018年4.95万车次、2019年5.67万车次，城口收费A班甫一亮相，就经历了单日春运返乡车流高峰。作为一个平均年龄20岁、新员工占比70%的收费班组，收费A班可以说是90后、甚至是00后担当大任的收费班组。

"请交通行费80元。""收您100元，请稍候。""找您20元，请拿好通行票，祝您一路平安！"端坐、示停、点头、微笑、收费、示送，三尺岗亭内同样的动作、同样的话语每天都要重复数百次。当他们看到驾乘人员回之以微笑、报之以谢意时，这群爱笑的男孩女孩又浑身充满了活力。

01　城口主线站收费A班集体照
02　交通引导

03　收费
04　现场服务
05　移动支付
06　现场收费巡查

6 韶赣高速公路珠玑巷服务区
"红棉"灿放印人心，温馨驿站创百佳

舟车劳顿，人困车乏，驾乘人员最需要的是一个安全、舒适的身心休憩之所。2010年12月投入营运的韶赣高速公路珠玑巷服务区地处珠三角地区与沪昆高速公路中间，日均接待车辆3000余辆，客流量约7000人次。

韶赣管理中心把握区位优势，将"全国百佳示范服务区"创建工作与广东省交通运输厅"用心服务、畅享交通"服务理念和省南粤交通公司"红棉"服务品牌建设有效结合，持续深化"温馨、美观、安全、畅顺"的品牌内涵，打造舒适温馨的驿站港湾。在2015年和2017年两届全国高速公路服务区服务质量等级评定活动中，珠玑巷服务区连续两次被评为"全国百佳示范服务区"。

01　全国百佳示范服务区
02　珠玑巷服务区的郑重承诺

韶赣管理中心与中石化公司通力协作，承诺"油品被盗，免费补充"，深受广大驾乘人员好评。近3年，珠玑巷服务区更是以年销量近11万t的成绩，蝉联广东省成品油销量的桂冠，实现了经营与服务的双丰收。

03　贴心的志愿服务
04　珠玑巷服务区育婴室
05　珠玑巷服务区概貌

7 韶赣高速公路总甫中心站
高速路上的"最美色彩"

2019年3月8日，韶赣高速公路总甫中心站获得广东省"巾帼文明岗"的消息传来，全站的女同胞无不振奋欣喜。她们，拥有多重身份：母亲、妻子、女儿、女同事、女同学……无论是哪一种身份和姿态，都是世界最美的色彩。

总甫站现有员工33人，其中女员工26人，占全体员工的78.8%，平均年龄24岁，是一个年轻化、知识化、专业化且充满活力的青年集体。

夜班站岗、爬上大货车查验绿通、面对驾驶员的不理解……这些收费现场几乎每天都要遇到的事情，作为女性成员居多的集体，她们的工作开展更加困难。在万家团圆的春节，家是对每一个中国人幸福的牵引，然而，为了春运保畅，守护每一位驾乘人员的回家路，她们选择了在岗位上过年，在除夕的夜晚，望着家的方向。

在身心的双重考验下，她们仍坚持用乐观的微笑迎来送往，用行动诠释了"巾帼不让须眉"，在"最美中国高速路"上展现了飒爽的英姿。

01 总甫站概貌

01

02 总甫站"巾帼文明岗"
03 总甫站"巾帼文明岗"岗位培训
04 总甫站"巾帼文明岗"绿通检查
05 总甫站"巾帼文明岗"现场交底

8 江肇管理中心大沙中心站
红棉花开，绽放青春异彩

大沙中心站于2012年11月成立并开始营运，为江肇高速公路管理中心的第二个中心站，辖管大沙站、四会站、沙浦站、永安站4个收费站，全站132名职工组成一支朝气蓬勃的青年集体队伍。

作为省南粤交通公司建设"红棉"服务品牌的先行兵，大沙中心站紧扣"温馨旅途·畅行南粤"理念，致力于打造"一个洁美的环境、一张真诚的笑脸、一次舒畅的通行服务"的"三个一"收费窗口服务标准，把好驾乘体验的第一道"关口"。

"您好。""祝您旅途愉快。"如花笑靥迎来送往，温柔清晰的话语开启温馨的旅程。大沙中心站通过培育员工核心价值观、强化业务技能，培养一批素质高、服务优、品德正、业务精的青年骨干，不断深入探索"红棉"品牌内涵。

01 红棉服务日

2014年，大沙中心站荣获广东省交通运输厅"畅享交通 共同成长"金点子比赛铜奖；2016年，大沙中心站吕勉萍获得第三届"最美中国路姐"称号；2017年，大沙中心站荣获公司"感动南粤交通集体"称号。

02　收费一线保畅队伍
03　温馨旅途·畅行南粤
04　员工活动室

⑨ 仁新A2设计合同段（中交二公院）
宝剑锋从磨砺出

夜色阑珊，中交二公院仁博项目仁新段A2设计合同段项目部办公室内依然灯火通明，设计人员似乎忘记了白天辛苦而劳累的外业调查工作，还在对外业工作进行认真梳理，并讨论一些关键点的设计方案。面对地处粤北山区的仁新项目，复杂的地形地质条件，桥隧比高，加之高填深挖路基点多面广，这对设计工作来说极具挑战。

在前期勘察设计中，A2合同段充分结合沿线地形、地貌、地质、水文、城镇分布与规划、区域路网等特点，以"安全耐久，环保节约，阳光和谐，管养便捷，创建设计标准化"为设计总目标，提高环保、景观设计意识，拓宽设计思路，灵活运用技术指标，降低公路建设对社会环境的负面影响。

山区高速公路沿线走廊带周边的耕地寸土寸金，A2合同段不断优化设计，尽量减少耕地占用，充分利用荒山、荒坡地、废弃地、劣质地进行布线，最大限度实现对项目沿线耕地资源的保护。

01　仁博项目仁新段A2设计合同段项目部集体照

在施工期设计服务过程中，A2合同段积极配合施工期变更设计，及时处理现场技术问题，为仁博项目仁新段建设的顺利推进提供了可靠的技术支撑，也为仁博项目仁新段打造"品质工程"发挥了重要的技术保障作用。

02 设计方案讨论
03 施工图初步设计审查会
04 现场踏勘

10 新博A4设计合同段（中交一公院）
精心设计，创新创优

他们翻山越岭，跨越山河，发扬中交一公院"特别能吃苦、特别能战斗、特别能奉献、特别能创新"的精神，用滴滴汗水浇筑着仁博项目新博段坚实的质量基础。

在新发展理念引领下，中交一公院以"优质耐久、安全舒适、经济环保、社会认可"为目标，为充分摸查项目沿线制约施工因素情况，设计人员不怕脏不怕累，头戴草帽，顶着酷暑，冒着风雨，怀揣资料背包，在茂密的丛林中穿梭，挽起裤脚赤脚淌河。在设计中克服时间紧、任务重等困难，坚持精细化设计，施工过程中未出现重大或较大变更，确保项目的顺利进行。

2013年以来，项目经历多个设计阶段，设计团队始终坚持"精心勘设，服务第一"的设计理念，坚持"工作就是责任，责任就是担当"的工作态度，用过硬的专业技术破解了

01　地方道路调查

特长隧道勘察、煤系土边坡、高填深挖路基、灰岩区桥梁桩基处理等一系列难题。中交一公院领导多次进驻现场设计回访，委派专家协助解决实施难题，做好后续服务，为仁博项目新博段的工程质量和工程进度等提供了强有力的支持，为项目顺利通车奠定了坚实基础。

02	03
04	

02/03　设计回访
04　　现场测河流宽度

11 连英J4总监办（广东华路）
踵事增华，路在延伸

龙怀项目连英段J4总监办是广东华路交通科技有限公司监理业务板块的"王牌军"之一，所监理的广梧高速公路荣获"詹天佑奖"、广乐高速公路荣获"鲁班奖"，连续3年在全省公路工程质量检查评比中排名第一，还获得了广东省重大建设项目档案金册奖等集体荣誉。

龙怀项目连英段J4总监办管辖合同段全长75.5km，土建、路面、交安共计11个合同段。总监办根据项目路线长、标段多的特点，对监理人员进行优中选优。尤其是针对全线控制性工程——长度6487m的金门隧道，总监办挑选了最精干的力量驻场监管。在全体建设者的共同努力下，金门隧道各项指标已达到申报"鲁班奖"的条件。

在白道全总监的悉心带领下，这支优秀的监理队伍主动服务，做到"事前预控、事中检查、事后把关"。在项目攻坚阶段，大家"舍小家、顾大家"，主动放弃休假。在高风险的金门隧道通风竖井施工现场，做到24小时监理值守，确保了竖井施工质量和安全，为龙怀项目连英段顺利通车奠定坚实的基础。

01　2018年12月，J4总监办被评为优秀总监办

敢于拼搏，勇于奉献，"踵事增华，路在延伸"的华路精神指引着这支王牌军继续全力为龙怀高速公路的缺陷责任期做好监理服务。

	02
03	05
04	06

02　J4总监办多次被评为优秀总监办
03　J4总监办定期组织监理人员学习
04　揭牌仪式
05　监理人员检查防水板
06　现场监理验收T梁

12 仁新JS1试验检测中心（山西交科）
俏也不争春，只把春来报

在仁新高速公路建设过程中，有这么一群人，虽然不是工程的施工者，却也身担工程质量重任，他们就是仁新高速公路JS1试验检测中心的检测者们。

JS1试验检测中心管辖合同段总长61.67km，工期紧、任务重，检测中心肩负着抽检原材料、检测实体工程、管理各标段工地试验室等重任。

每天，室内试验部根据监理抽样按照试验规程进行检测，现场检测部根据工作联系单到施工现场对路基压实度、结构物实体回弹、钢筋保护层等进行检测，综合管理部对前一天所出的报告进行审核、登记并移交试验室主任签字……一切工作就像在既定轨道上，有条不紊，紧张有序，周而复始，三年如一日。

他们默默无闻，在平凡岗位上感受奋斗的幸福。在广东省质监站2016年、2017年质量安全综合大检查中，JS1试验检测中心排名全省第八、第三。

01　JS1试验检测中心工作会议

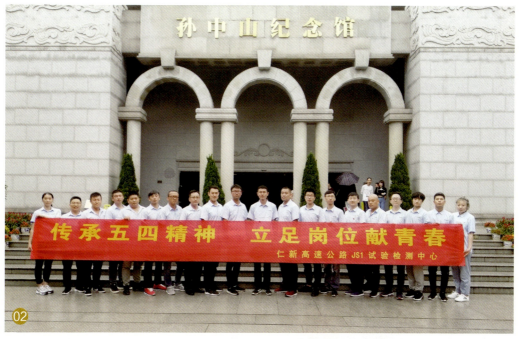

02　　JS1青年骨干合照
03　　开展试验室检查
04/05　室内试验
06　　现场检测

13 云湛JS5试验检测中心（苏交科）
匠心检测，品质服务

云湛项目化湛段JS5试验检测中心由苏交科集团检测认证有限公司负责运营。该中心对标"品质工程"要求，严格把好工程质量关，准确规范进行材料检测，迅速响应完成现场报检，全面覆盖做好质量管控。

雨季施工期间，为及时掌握现场工程实体质量情况，试验检测人员总能在天气放晴后第一时间到达现场进行检测，采集各项指标数据。脚下有多少泥土，心中就有多少责任。一个个试验数据，一份份检测报告，为评估和指导工程质量提供了准确详实的依据。

秉持"品质为本"的匠心，该中心积极参与到"品质化湛"的建设中。例如，进场后开展对原材料调研，通过对项目周边十余个碎石场的调研检测，优选出质量好的碎石场供施工单位选用。

01　JS5试验检测中心骨干合照

02	
03	05
04	06

02　　　JS5项目部工作办公室
03/04　　室内试验
05/06　　现场检测

试验检测中心主任陆中国通过对全线施工单位工地试验室进行培训，让检测人员对钢筋保护层厚度的意义、检测原理、适用范围、结果评判等有了全方位的了解，更好地服务于现场质量控制。

JS5试验检测中心是化湛管理处质量管理的重要抓手，也是打造"品质化湛"的得力参谋，为化湛高速公路高分通过交工验收并提前一年顺利通车，做出了突出贡献。

14 连英TJ25合同段工程部（中铁四局）
战天斗地，人和致胜破交通壁垒

龙怀项目连英段TJ25合同段工程部配置22人，进场以来在"双标"管理、工艺创新、信息化及精细化管理等方面严格过程管控，在项目成本控制上起到了关键作用。

龙怀项目连英段地处粤北山区，桥梁占比高。为降低雨季施工影响，该部对施工主便道采用混凝土路面设计，为整体施工进度节点提供高效的运输通道；自主研发钢筋笼滚箍设备，成品螺旋箍筋合格率达100%，保证了桥梁墩柱钢筋保护层的质量。

在紧迫的工期和严格的质量标准面前，工程部人和心齐，热情饱满，工匠精神深入骨髓。面对铁路干线纵横交错带来的新挑战，他们出色地完成了英红特大桥上跨京广高铁转体。3时28分作业施工，桥梁双幅同步转体，70分钟的精准张拉，成功转体后50cm左右幅桥梁间距……这一系列数字展现了建设者们过硬的技术。

于山水间筑路，在云雾里架桥，龙怀项目连英段建设者在山河间书写高速公路建设新篇章。2017年，龙怀项目连英段TJ25合同段工程部荣获"感动南粤交通集体"称号。

01 工程部对班组长进行任职培训

02 对毫厘的把关
03 工程部集体生日
04 工程部集体照
05 专注测量

15 龙连TJ13合同段项目部（中铁隧道集团）
步步为营，无惧压力

中铁隧道集团有限公司龙怀项目龙连段TJ13合同段主要控制工程为粗石山隧道，由于隧道富水、破裂带距离长、软弱围岩数量多，涌水突泥风险不可避免。且施工段地处山区，沿线便道翻山越岭，工程材料运输道路十分险要。

项目部不惧艰难，迅速组建队伍进洞施工，创造了2015年6月进场、7月进洞、9月开始衬砌、11月隧道开挖突破1000m的龙怀速度。然而，就在隧道施工全工序掀起大干高潮的关键时刻，风险不期而至。2016年1月，隧道进口破裂带出现了涌水突泥，开挖施工被迫停止。对此，项目部及时启动应急预案，快速完善对涌水突泥的抽排措施，并多次邀请专家现场会商论证，优先采用了便于工序转换的台阶法短进尺开挖，严格工序管理，强化循环交接，确保一环扣一环，各个工序施工人员夜以继日、不辞辛劳。2016年6月，项目部胜利攻克了隧道进口280m富水构造破裂带的施工。在项目团队的共同努力下，依然创造了单洞Ⅲ级围岩开挖240m/月和单洞Ⅳ级围岩160m/月的佳绩。

01 人车分流

为了确保工程的质量和安全，项目部没有一味地追求进度和效益，而是采取"稳扎稳打，步步为营"的战略，在隧道里眼睛所能看到的工程实体，无论是初期支护还是永久性二衬，都做到了内实外美。

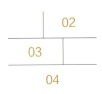

02/03　项目部消防应急演练
04　　　三辊轴整平

16 阳化LM5合同段项目部（中铁十四局）
规定动作到位，自选动作出彩

2016年10月17日，云湛项目阳化段LM5合同段筑路先锋队进行了未筛分碎石垫层试验段的施工。随着第一车混合料倒入摊铺机，该试验段开始铺筑，阳化段的路面施工正式启动。LM5合同段首个垫层试验段的精彩亮相，为今后其他标段路面施工提供了参照典范，可谓是规定动作精准把控，创新动作亮点纷呈。

（1）"掌中宝"施工手册

项目部为试验段的摊铺精心制作了四折页《垫层、底基层试验段施工手册》，内容涵盖了工程概要、试验段方案、施工准备、责任分工、技术要点、安全须知等七大项。

（2）"安全利剑"班前会

每一道工序施工都要组织"班前会"进行安全与技术、质量交底。

（3）"安全之盾"《施工现场交通疏导与管制方案》

每次施工都要组织会议研讨施工现场的交通疏导与管制方案，以确保对施工人员人身安全和新摊铺面的保护。

01 班前会+应急救援车

02	
03	04
05	

02 "零污染"控制
03 施工手册发放
04 水稳施工
05 现场技术交底

（4）"安全之光"应急救援车

为预防试验段施工过程中施工人员受伤等事故发生，施工准备工作会安排医护人员和应急救援车现场待命。

（5）技术标准"零污染"

在路面施工过程中始终坚持施工过程中的"零污染"控制。

点点滴滴讲细节，时时处处见品质，正是这份匠心的坚守铸就了"品质阳化"。

17 仁新TJ14合同段小型预制构件施工班组（中铁十二局）

且把匠心付仁新

一支以进城务工人员为骨干力量的施工队伍，一支把水泥块打造得美观精致的标准化团队，从"蹒跚学步"到敢闯敢拼、勇于创新，中铁十二局集团仁新高速公路TJ14合同段小型预制构件施工班组像一股黑色的旋风，成为项目部的中流砥柱。

山路上，桃林旁，是一片整齐有序的小型预制构件厂。施工班长郑继友对工人的每日例行交底，从技术交底到质量要求再到安全生产规范，日复一日，不厌其烦。有人问道："你们的工人都有着多年的预制件生产经验，对各道工序都了如指掌，为什么还要每天向他们做交底？"郑继友回答："正是因为熟悉，所以才要时刻提醒他们不能麻痹大意，要求他们生产出更优质的产品！"

01 小型预制构件班组获评仁新高速公路"优秀班组"

从这里运出去的不是水泥块,而是"艺术品"。该班组在管段内预制安装构件数量总计约28万块,开创了"小型预制构件创新工艺",确保了预制构件整齐划一、色泽均匀、内实外美。2017年,该班组荣获"感动南粤交通集体"称号。

02　小型预制构件厂
03　预制构件成品
04　预制构件钢筋绑扎

18 新博TJ16合同段九连山隧道出口施工班组（中铁十二局）

九连山下，新时代"愚公"筑梦

顺着盘山而上的便道直下，跨过山谷之间的溪溯便桥，来到巍峨连绵的九连山脚下，抬眼望去，山腰处的两个"烙印"像极了刚出生婴儿的胎记，这是九连山隧道的出口。这里住着一群可爱的匠人，他们自称是"王屋山下的后人"，他们就是仁博项目新博段TJ16合同段九连山隧道出口施工班组。

九连山隧道，全长5480m，地形复杂，围岩裂隙发育较大，有几处断裂带和小破碎群，隧道施工面临着严峻的考验。班长徐智超个子不高，却是个"小能人"，他带领班组采用改进型雾炮机与洒水车组合，用于降低洞内开挖时的粉尘，运用优化后的水压光面爆破技术，取得良好的爆破效果。他常戏称："这是一条沉睡在九连山里的暗龙，我们要把它唤醒。"

01　九连山隧道出口

02　班前教育
03　隧道光爆效果
04　掌子面掘进钻爆施工

信念坚定，实干创新，新时代的"愚公"摒弃浮躁，在大山深处唤醒"暗龙"的同时，也在传承匠心。

19 化湛TJ25合同段转体桥作业队
（中铁十二局）

100min，83.6°，万吨大桥精准转体

中铁十二局集团云湛项目化湛段TJ25合同段转体桥（英红特大桥）作业队共计54名工人，自2002年以来一直从事桥梁建设施工，特别是连续梁刚构施工、挂篮施工，近年来共计施工连续刚构2000m，挂篮行走300余次，在连续刚构施工上累积了丰厚的施工经验。

15年匠心打磨，在交通基础设施大跨步发展进程中，他们从少年到中年，从学徒到师傅，不断追求技术创新，求索前行。2017年7月17日，经过作业队一系列有条不紊的操作，万余吨云湛高速公路化（州）湛（江）段跨茂湛铁路跨线桥逆时针旋转83.6°，耗时约100min。茂湛铁路跨线桥是广东省高速公路建设史上首次采用转体工艺的桥梁，大桥精准对接的那一刻，为"品质化湛"留下了浓墨重彩的一笔。

2017年，该作业队荣获"感动南粤交通集体"称号。

01	03
02	04

01 清理球铰　　03 复测滑道顶面相对平整度
02 球铰试转　　04 精控转角

20 江肇高速公路养护工班（冠粤养护）
搏击"天鸽"，"养护哥"逆风前行

2017年8月，超强台风"天鸽"直扑珠海，横扫江门、佛山、肇庆。暴风雨肆虐下的江肇高速公路一片狼藉，江门段更是接近瘫痪。

狂风暴雨中，却有一支100多人的养护队伍逆风而行，奔赴在江肇高速公路抢险救灾一线。他们分成6个抢险清障小分队，陆续清理了公路沿线倾倒的树木7375棵、防眩板500余块、倒塌的标志牌障碍物7处，排除广中江高速公路封路水马400多个，加固设施100多处……

"风"情就是动员令，"保通"就是冲锋号！能战善战的"养护哥"毫不犹豫投身到抢险清障工作中，连续奋战36h，将无情的台风带来的伤害减至最小。

01 "天鸽"过境
02/03 迅速行动

04/05 迅速行动

Chapter 03

第三章

全景展示

　　品质，是伴随一条条路蜿蜒而去的岁月，却依旧稳妥的舒畅；是河川见证一架架桥梁横跨而过的光阴，却岿然伫立的坦荡；是崇山怀拥一座座隧道穿梭而逝的韶光，仍静心亨受的悠长。

　　创建品质工程，是流芳经得过世代传承的口碑，是铸造抗得住风雨洗礼的丰碑。从最初的"南粤品质工程"宏图绘就，到步步为营、躬行当下，六载砥砺，春华秋实，一条条品质大道已粲然绽放于南粤大地秀美山川之间。它将粤东西北一道道逶迤山川"串珠成链"，宛若一位巨人仰望长空拨动一根根弦，山欢水笑，路路相连。

　　如今，驱车行走在南粤大道，穿山过隧，快意驰骋，随处可见高桥飞渡、一马平川、田野葱茏、依山傍水、路景相融等怡人景象。本章以影像资料展示"南粤品质工程"立于天地之间的成就。"南粤品质工程"的精彩触目皆是，图册仅选取了其中部分瞬间，愿顷刻美景能在大家心中停驻美好！

一、地势 坤

01

02

01　潮漳项目——蔡东高架桥
02　潮漳项目——晨路
03　潮漳项目——灯芯高架桥
04　潮漳项目——意溪特大桥

05	07
06	08

05　揭惠项目——湖心枢纽互通
06　龙怀项目龙连段——大石板1号大桥
07　龙怀项目连英段——金华隧道
08　龙怀项目连英段——沿线风景

09

10

09	11
10	12

09 龙怀项目龙连段——灵山胜道
10 龙怀项目龙连段——仙山雾绕
11 龙怀项目龙连段——元善枢纽互通
12 龙怀项目龙连段——岭南印象

13　龙怀项目龙连段——自然融汇
14　龙怀项目龙连段——三角枢纽互通

15	17
16	18

15　仁博项目仁新段——荔竹坝特大桥
16　仁博项目仁新段——榕树大桥
17　仁博项目仁新段——青云山隧道星空闪耀
18　仁博项目仁新段——灯盏石大桥

19	21
20	22

19　仁博项目仁新段——永兴枢纽互通
20　仁博项目新博段——九连山隧道
21　仁博项目仁新段——深渡水大桥阡陌纵横间
22　仁博项目新博段——光头围大桥

㉑

㉒

23　云湛项目新阳段——炽云映晚
24　仁博项目新博段——新丰南互通
25　仁博项目新博段——龙江1号特大桥

26 云湛项目新阳段——马兰风光
27 云湛项目阳化段——印日红花
28 云湛项目新阳段——云中马兰

29	31
30	

29 云湛项目阳化段——龙踞祥云
30 龙怀项目英怀段——穿山越岭
31 龙怀项目英怀段——大山的腰带

㉛

32

33

	32	
33	34	
	35	

32　龙怀项目英怀段——怀集北互通及管理中心
33　龙怀项目英怀段——连埂迳隧道
34　龙怀项目英怀段——汶朗互通
35　龙怀项目英怀段——汶朗互通景观打造

36　龙怀项目英怀段——怀集北互通

37　珠海连接线——南屏互通

全景展示 第三章

二、善若水

01 广中江项目——滨江大桥
02 广中江项目——潮荷大桥
03 广中江项目——江海大桥

04	05
	06

04　珠海连接线——拱北隧道口人工岛
05　珠海连接线——拱北湾大桥
06　珠海连接线——前山河特大桥

05

06

07 潮漳项目——韩江特大桥

全景展示 第三章

08 云湛项目化湛段——管理处夜景
09 云湛项目化湛段——樟檬互通
10 云湛项目化湛段——庄稼人的风景

11 龙怀项目连英段——北江特大桥
12 揭惠项目——新寮门大桥
13 龙怀项目龙连段——"秋水"离合

14	15
	16

14　仁博项目仁新段——深渡水大桥
15　云湛项目新阳段——春城互通
16　云湛项目新阳段——新兴江沿岸高边坡

⑰

⑱

17　云湛项目阳化管理处
18　云湛项目阳化段——鉴江大桥
19　云湛项目阳化段——影

三、公为道

1 营运服务

01 "红棉"服务标准培训
02 加油站员工风采
03 窗口服务动作培训
04 巾帼红棉班组
05 联合稽查

06

07

09

10

11

06	07	08
09	10	12
	11	

06 路政宣传咨询活动
07 您好，请出示通行卡
08 提供便民服务
09 员工风采
10 指引
11 走进校园普法宣传
12 最美服务区——韶关东服务区

② 营运养护

01	02	03
04	05	06

01　标志牌清洗　　04　路面坑槽修补
02　波形护栏修复　05　路面清洗
03　服务区标线修补　06　隧道风机保养

07

08

09

10

	07	
08	10	11
09		

07　养护基地
08　隧道清洗
09　隧道照明灯具维修
10　中央分隔带绿化修剪
11　罩面前后对比